님께

———————————————————

기업은 우리의 삶의 터전입니다.
기업에서 만들어내는 제품과 서비스가
우리의 삶을 윤택하고 풍요롭게 만듭니다.
우리 아이에게 기업의 주인이 되게 하여 주십시오.
기업을 통해 세상을 보는 눈을 키워,
행복하고 존경받는 부자로 살게해 주십시오.

드림

———————————————————

강남 엄마들이 가장 만나고 싶어하는 **주식농부**의 **자녀경제교육 특강**

애야, 너는 기업의 주인이다

박영옥 지음

모아북스
MOABOOKS

애야, 너는 기업의 주인이다

추|천|사

황건호

(한국금융투자협회 회장, 전국투자자교육협의회 의장, 국제투자자교육연맹 회장)

자라나는 우리 청소년들에게 조기 금융교육의 중요성은 아무리 강조해도 지나치지 않을 것이다. 생애 가치관을 형성하는 청소년들에게 좋은 금융교육을 통하여 올바른 금융관을 심어주는 것은 평생의 금융생활의 성패가 좌우될 정도로 중요하기 때문이다. 금융교육은 국가 전체적으로도 개인의 파산 및 부도 등 사회적 비용을 억제하여 지속적인 경제발전과 국민생활의 안정화를 도모하는 역할도 한다.

그러나 안타깝게도 아직 많은 청소년들은 금융을 잘 이해하지 못하고 있는 것이 현실이다. 시중에는 청소년들의 금융교육을 위한 좋은 교육서적은 많으나 청소년들이 금융교육을 시작하여 건전한 민주시민으로서 일상생활에서 공부를 지속하기 어려운 점이 있다.

이 책은 일상생활에서 지속적이고 실질적인 금융교육 실천방안으로서 '주식투자'라는 신선한 교육방법을 제시하고 있다. 이 책에서 말하는 '주식투자' 를 통한 금융교육은 청소년시절부터 시작하면 자연스럽게 평생 동안 지속되는 장점이 있다.

저자의 이러한 생각은 금융투자협회가 청소년 금융능력 향상을 위한 노력과도 그 맥을 같이하고 있다. 우리 협회는 투자자교육협의회를 통하여 투자자교육을 공익사업으로 추진하고 있고, 특히 청소년 금융교육을 그 중점 추진대상으로 하고 있다.

이전에도 저자는 '주식, 농부처럼 투자하라' 는 저서를 통해 우리 협회가 추진하고 있는 장기 분산투자 문화 정착과 그 맥락을 같이 한 바 있다. 35여년 간 금융현장에 몸담으면서 올바른 투자문화 정착과 청소년 금융의 필요성을 누구보다도 실감하고 있는 금융인의 한사람으로서 박영옥 대표에게 심심한 감사의 말씀을 전하고 싶다.

아무쪼록 이 책을 통하여 우리 청소년들이 기업과 시장경제 및 금융시장에 대한 이해를 높이고 올바른 금융관을 형성하는데 큰 보탬이 되기 바란다.

자녀들의 경제교육,
지금 시작하라

팔순의 노모가 환갑이 다 된 아들에게 '차 조심하라'는 말을 한다고 합니다. 부모가 된 이상 자식 걱정에서 벗어날 길이 없습니다. 자식의 입에 밥 한 술 들어가는 것만 봐도 그렇게 기분이 좋을 수 없고, 며칠이면 없어질 작은 상처에도 속이 상하는 것이 부모의 마음입니다. 쓸데없는 걱정이라고 생각했던 부모님들의 잔소리를 자신의 아이들에게 똑같이 되풀이하고 있음을 발견하게 될 때, 문득 부모님 생각이 나서 눈시울이 뜨거워지기도 합니다.

부모의 모든 '잔소리'에는 부모의 마음이 담겨 있습니다. '반찬 가리지 말고 골고루 먹으라'는 말에는 아이가 건강하게 자랐으면 하는 마음이 담겨 있습니다. '친구와 싸우지 말고 사이좋게 지내라'는 말에는 아이가 친구들 사이에서 소외되지 않고 사회성 있는 사람이 되기를 바라는 마음이 있습니다. '늦게 다니지 말라'는 말에는 자녀가 안전하게 귀가하기를 바라는 마음이 담겨 있습니다. 그리고 우리 부모님들이 가장 많이 하는 말인 '공부 열심히 해라'는 말에는 사회에서 인정받고 그만큼 대접받는 인생을 살기를 바라는 마음이 담겨 있습니다.

이런 모든 부모들의 마음을 한 문장으로 줄이면 '내 아이가 건강하고 행복하게 살았으면 좋겠다'는 것입니다. 부모인 우리들이 자주 하는 말로 바꾸면 이렇게 됩니다.

"내 자식만큼은 나처럼 고생하지 않고, 돈에 쪼들리지 않고 살았으면 좋겠다."

부모들의 바람에 돈이 들어가는 것은 그만큼 우리가 경제적으로 힘든 시기에 살고 있기 때문일 것입니다. 돈이 인생의 전부가 아니라는 것은 알고 있지만 살다보면 돈이 인생의 전부인 것처럼 느껴지는 것도 사실입니다. 친한 친구 사이에서도 얼마 되지 않는 돈 때문에 자존심이 상하는 적이 많습니다. 가족들 사이에서도 마찬가지입니다. 돈만 충분히 있다면 생기지 않았을 갈등이 온 가족을 괴롭히는 일들이 얼마나 많은지요. 돈이 많다고 가족들 간의 모든 갈등이 없어지는 것은 아니지만 돈이 없으면 확실히 마음 상하는 일이 더 많습니다. 특히 내 자식에게 뭔가를 해주고 싶은데 돈이 없어서 못해줄 때 부모의 마음은 무엇과도 비교할 수 없이 힘이 듭니다. 우리가 '돈 걱정' 을 충분히 해보았기 때문에 자식은 그런 고단함에서 벗어나기를 바라는 것이 당연한 일입니다.

우리의 부모님들도 지금 우리의 마음과 그리 다르지 않았을 것입니다. 그래서 부모님들은 이렇게 말했습니다.

"공부 열심히 해라."

지금 우리도 그렇게 말하고 있습니다. 공부만 잘할 수 있다면 무엇이든 지원해주고 싶습니다. 부모들이 하도 성적을 중요하게 생각하니까 어떤 아이들은 공부가 부모를 위해서 하는 것인 줄 압니다. 그래서 좋은 성적을 받으면 으레 게임기 같은 선물을 요구합니다. 다 자기를 위해서 하는 것이지만, 공부만 잘할 수 있다면 그 정도 게임기쯤은 얼마든지 선물할 수 있는 것이 또 부모의 마음입니다.

공부를 잘하는 것은 물론 중요한 일입니다. 옳고 그르고를 떠나 대한민국은 학벌이 중요시되는 사회입니다. 항상 그런 것은 아니지만 능력보다 학벌이 우선시되는 경우도 많습니다. 어느 누구도 능력보다 학벌이 기준이 되는 사회가 옳다고 생각하지 않을 것입니다. 또 그런 사회를 바라는 사람도 없을 거라고 생각합니다. 그런데도 '너만큼은 공부를 잘해야 한다' 고 말하는 이유는 적어도 내 아이만큼은 학벌사회의 희생양이 되지 않기를 바라는 마음 때문입니다.

그래서 빠듯한 살림을 쪼개고 쪼개 아이들을 학원에 보내는 것이겠지요. 공부는 사회에서 인정받으면서, 경제적으로도 풍요롭게 살 수 있는 방법 중 우리가 알고 있는 거의 유일한 것입니다. 나중에 공부와 상관없는 일을 하게 되더라도 우선은 공부를 잘해야 한다는 것이 부모들의 생각입니다. 꼭 대학과 연관 짓지 않더라도 인간적인 성숙을 위해서도 배움은 중요합니다.

그런데 공부만 잘하면 정말 아이들이 우리가 원하는 대로, 행복하고 풍요롭게 살 수 있는 것일까요? 정말 그런 것일까요?

성적만큼 경제 감각도 중요하다

아이들이 즐겨 쓰는 은어 중에 '범생이' 라는 말이 있습니다. 공부를 잘하고 규칙을 잘 지키며 어른들 말을 잘 듣는 모범생을 비꼬는 말입니다. 지금은 어른들도 그 뜻을 잘 알고 있지요. 공부 잘하고, 어른말 잘 듣는 아이는 부모들이 원하는 아이의 모습 아닌가요? 아이들은 단순히 시기심에서 친구를 놀리는 것일까요? 시기심이 전혀 없다고는 못할 것입니다. 하지만 비꼼의 대상이 되는 이유도 있습니다. 왠지 모르게 답답하고 융통성이 없으며 대인관계가 원만하지 못하기 때문입니다.

공부만 잘한다고 모든 게 해결되지는 않는다는 것입니다. 경제 감각도 마찬가지입니다. 공부를 잘해도 경제 감각이 없으면 가난하게 살 수도 있습니다. 학교에서는 우등생이었던 아이가 사회에 나가서는 열등생이 되기도 합니다. 직장을 예로 들어 볼까요. 모범생 중에는 시키는 일, 즉 부모가 시키는 공부만 열심히 한 아이들이 있습니다. 이 아이들이 사회에 나가면 스스로 뭔가를 하는 능력이 부족합니다. 오죽하면 부모가 직장까지 알아봐 준다고 할까요. 그리고 극소수의 직업을 제외하고는 직장 생활 자체가 경제 감각이 없으면 성공하기 어렵습니다. 제품을 만들고 파는 경제 활동을 하는 곳이 기업이고 우리 아이들도 거기에서 직장생활을 할 것이니까요.

여러분들은 '신용카드 파산' 사태를 기억하실 겁니다. IMF 이후 경기 부양책으로 내놓은 정책 중 하나가 신용카드를 통한 소비의 활성화였습니다. 일시적으로 경기 부양에 도움이 되긴 했으나 결과는 어땠습니까. 많은 젊은이들이 신용불량자로 전락했습니다. 공부도 잘하고 아는 것도 많은 아이들이 왜 이렇게 되었을까요? 신용카드는 '빚'이라는 기본적인 경제관념도 없었던 것입니다. 그때까지 아이들이 살아온 세상은 학교 성적이 전부였습니다. 공부만 잘하면 용돈도 생기고, 옷도 생기고, 놀이공원에도 갈 수 있고, 게임기도 생겼습니다. 아이들에게 '공부 = 돈' 이었던 것입니다. 그런데 달라졌습니다. 스스로 돈을 벌고 스스로 돈을 관리해야 하는데 그런 관념이 전혀 없었던 것입니다.

아마 신용카드 때문에 낭패를 본 아이들에게 '왜 그랬느냐? 신용카드가 빚이라는 걸 모르고 있었느냐?' 고 물어보면 뭐라고 대답할까요? 그들도 알고는 있었다고 할 것입니다. 다만 이때 안다고 하는 것은 머리로만 아는 것이지 몸으로 알고 있는 것은 아닙니다. 우리는 어릴 때의 경험이 얼마나 중요한지 알고 있습니다. 어릴 때 물에 빠진 기억이 있는 아이는 성인이 되어서도 물을 두려워합니다. 무릎 깊이밖에 안 되는 곳이라도 들어가기를 꺼려합니다. 머리로는 전혀 위험하지 않다는 것을 알고 있지만 몸이 거부하는 것입니다. 그러니까 행동도 몸의 반응에 따라 갑니다. 경제 감각도 마찬가지입니다. 머리로 알고 있어도 몸에 익숙해져 있지 않으면 아는 것과 다르게 행동합니다. 물론 어릴 때의 교육이 평생을 가는 것은 아닙니다. 노력을 하면 바꿀 수도 있겠지요. 하지만 그만큼 고생을 해야 합니다. 그리고 아이들이 고생하는 것은 우리 부모들이 바라는 일이 아닙니다.

돈이 많으면 경제 감각이 없어도 될까?

너무 당연한 이야기지만 부모가 충분한 유산을 물려줄 수 있어도 경제교육은 반드시 필요합니다. '부자 삼대를 못 간다' 는 말을 증명이라도 하듯 부모에게 물려받은 재산을 단기간에 탕진해버리는 사례를 종종 봅니다. 경제관념이 없으면 아무리 많은 재산이라도 밑 빠진 독의 물처럼 한순간에 사라져 버립니다. 그래서인지 요즘에는 부자들일수록 경제교육을 철저하게 시키는 것을 보게 됩니다. 경제교육이 되지 않으면 많은 돈은 오히려 아이에게 독이 됩니다.

얼마 전 저희 집에서 한바탕 소란이 있었습니다. 오랫동안 고민해오다가 드디어 제가 '폭탄 발언' 을 한 것입니다. 저는 몇 년 전 아이들에게 2~3천만 원씩 증여를 해서 주식투자를 해주고 있습니다. 폭탄 발언은 다름이 아니라 '사회에 나갈 때까지는 뒷바라지를 해주겠지만 증여된 재산 외에 유산은 없다. 나머지 돈은 다른 데 쓸 데가 있다. 스스로 재산을 만들어야 진정한 자기 것이 된다.' 라는 것입니다. 이제 7살인 늦둥이 아들은 무슨 말인지 체감을 하지 못하는 것 같았습니다. 둘째 딸도 크게 반응하지는 않았는데, 이제 세상을 좀 아는 큰딸은 울고불고 난리가 났습니다. 서운하기도 했겠지요. 정확하게는 몰라도 아빠의 재산 규모를 대략은 알고 있으니까요. 자식이 우는데 기분 좋을 부모가 어디 있을까요. 그런데 우는 딸아이를 보니 참 잘했다는 생각이 들었습니다. 운다는 것은 아빠의 재산에 의지하고 싶은 마음이 있었다는 뜻입니다. (그 날의 결론은 조금 있다가 다시 이야기하겠습니다.)

　죄송하게도, 이 책의 첫 번째 독자는 여러분들이 아닙니다. 저는 제 자식들을 생각하며 이 책을 썼습니다. 이 책을 통해 저 자신을 돌아보고 또 아이들에 대한 제 마음도 다시 한 번 정리해 보고 싶었습니다. 그래도 자식을 걱정하는 부모의 마음은 똑같으니 독자 여러분과 소중한 자녀들에게도 도움이 되리라 생각합니다.

경제공부, 어떻게 해야 할까요

경제 공부를 말하기 전에 경제 감각이 있는 사람이란 어떤 사람일까에 대한 이야기부터 하는 것이 좋겠습니다. 경제적으로 풍요로운 삶은 경제 감각의 결과이지 원인은 아니니까요. 뭐라고 한 마디로 정의하기는 어렵지만 돈이 돌아가는 원리를 아는 사람, 기업이 성장 발전하는 원리를 아는 사람을 뜻하는 말일 것입니다. 저는 여기에 한가지를 덧붙이고 싶습니다. 그것은 절약과 어리석음의 기준을 아는사람입니다.

우리는 부모와 사회로부터 절약을 경제와 관련된 최고의 미덕으로 배웠습니다. 절약의 미덕에 지나치게 충실하다 보면 자칫 '절약의 함정' 에 빠질 수 있습니다. 무조건 아끼면 어떤 일이 벌어질까요? 영업사원이 절약을 한다고 낡은 옷을 입고 다니면 물건을 팔 수 있을까요. 대학교수가 책값을 아끼면 또 어떻게 될까요. 일상생활에서도 아낀다고 돈을 너무 쓰지 않으면 인간관계에 문제가 생깁니다. 필요한곳에는 과감한 투자를 해야 합니다.

제가 아는 어떤 사람은 회사 일이 잘 풀리지 않아 신경쇠약에 우울증까지 걸렸던 적이 있습니다. 일주일 동안 휴가를 낸 그는 과감하게 해외의 열대지방으로 여행을 떠났습니다. 그리고 아무것도 하지 않고 휴가 내내 햇빛에 누워있었다고 합니다. 그러자 머리가 맑아지고 자기가 처한 상황의 핵심이 보이더라는 것입니다. 만약 그 사람이 돈을 아낀다고 집에만 있었다면 어땠을까요. 우울증은 더 심해졌을 겁니다. 그의 해외여행을 낭비라고 할 수 있을까요. 그것은 낭비가 아니라 투자였습니다. '경제' 라고 하면 일단 아끼고 봐야 한다고 생각하는 사람들이 많은 것 같아서 드린 말씀입니다.

다시 경제공부 이야기로 돌아가겠습니다. 우리는 공부라고 하면 항상 책상과 책을 먼저 떠올립니다. 우리가 그렇게 공부를 해왔고 또 인류가 쌓아온 거의 모든 지식이 책 속에 있으니 당연한 일입니다. 그러나 책에서 배우는 지식에는 분명한 한계가 있습니다. 책상 앞에 서는 똑똑하던 사람이 현실 세계에 적응하지 못하는 예도 많습니다. 책상물림이라는 말이 있듯이, 현실 세계를 헤쳐 나가려면 죽어 있는 지식이 아니라 살아서 펄떡이는 지식이 필요합니다.

경제공부도 마찬가지입니다. 책도 당연히 읽어야 하지만 그것만으로는 부족합니다. 책만으로 된다면 경제학을 가르치는 교수님들은 전부 다 큰 부자여야 하는데 항상 그런 것은 아니니까요. 그러면 어떻게 해야 할까요? 책과 함께 무엇이 있어야 할까요? 그렇습니다. 경험입니다. 이론과 경험이 합쳐져야 진정한 지식이라고 할 수 있습니다. 그리고 이 '경제 경험' 을 하기에 가장 적당한 수단이 주식투자라고 믿고 있습니다.

저는 주식투자로 부자가 된 사람입니다. 주식시장에서 20여 년 동안 일을 해오고 있습니다. 제가 주식투자를 가장 좋은 경제 공부의 수단으로 추천하는 것은 제가 주식투자자여서만은 아닙니다. 세상에서 일어나는 일들 중 경제와 관련된 사건들에 가장 민감하게 반응하는 곳이 바로 주식 시장이기 때문입니다. 주식시장은 개별 기업은 물론이고 세계경제, 환율, 유가, 금리, 정치, 사회 · 문화적 사건을 반영합니다. 심지어 경제의 중요한 요소인 사람들의 심리까지 영향을 미치는 곳이 주식 시장입니다. 중요한 사건이 발생하면 이에 대한 영향이 즉각 수치로 드러납니다. 주식은 이렇게 현장감 넘치는 경제 교과서인 것입니다.

주식투자가 경제교육이다

아직도 주식투자라고 하면 운에 맡기는 도박처럼 생각하는 분들이 많습니다. 그래서 주변의 누가 주식투자를 한다고 하면 걱정부터 하는 게 현실입니다. 모든 투자가 그렇듯이 주식도 원금을 까먹을 수 있습니다. 심한 경우 휴지가 돼버리는 경우도 없지 않습니다. 원금의 손실이 너무나 두려워서 일상생활에 지장을 받을 정도라면 주식투자는 하지 않는 것이 좋겠습니다. 그러나 분명한 것은 원금의 손실 가능성이 있다고 해서 주식투자가 도박은 아니라는 것입니다. 사람들은 스스로 주식투자를 도박처럼 하면서 '주식은 도박' 이라고 말합니다. 비유를 하자면 매일 폭식을 하면서 '음식만 먹으면 소화가 안 된다' 라고 하는 것과 같습니다. 소화가 안 되는 것은 먹는 방법이 잘못되었기 때문입니다. 마찬가지로 주식을 도박이라고 여기는 것은 투자하는 방법이 잘못되었기 때문입니다.

제가 생각하는 주식은 농사를 짓는 것과 같습니다. 운을 바라는 것이 아니라 노력한 결과만큼의 수익을 기대하는 것입니다. 주가가 상승한다는 것은 무슨 뜻일까요? 기업의 가치가 상승했다는 뜻입니다.

농부가 씨앗을 뿌리고 수확을 하기까지는 반드시 시간이 필요하듯이 기업의 가치 상승에도 반드시 일정한 시간이 필요합니다. 또 농부가 매일 논에 나가 작물을 보살피듯이, 주식투자자도 지속적으로 기업과 소통을 해야 합니다. 농부의 마음으로 투자하는 제 투자 철학에 대해서는 더 이야기할 기회가 있을 것입니다. 여기서는 주식이 투기가 아니라는 결정적인 증거 하나만 제시하고 지나가겠습니다. 투기는 위험하고 사행심을 키울 수 있습니다. 어떤 부모가 자식에게 나쁜 것을 권하겠습니까. 여러분들이 그렇듯, 저도 제 아이들을 사랑합니다. 사랑하는 자식에게 투기를 권하는 부모는 없습니다.

말이 나온 김에 유산과 관련된 소동의 결과를 말씀드리겠습니다. 처음에는 울고불고 난리더니 조금 시간이 지나자 마음을 가라앉히더군요. 마음이 차분해지니까 평소에 제가 했던 말들이 생각이 났던 모양입니다. 저는 늘 자립정신을 강조하고 제가 가진 부가 사회로부터 받은 것이니만큼 좋은 방법을 찾아 다시 돌려주어야 한다고 말해왔습니다. 그리고 또 하나 제가 강조한 것이 시간의 힘입니다.

우리 아이들은 아직 어립니다. 더 중요한 것은 이 아이들은 지금 우리 세대보다 훨씬 더 긴 수명을 누릴 것이라는 점입니다. 제가 증여한 재산은 그렇게 많은 액수가 아니지만 여기에 시간이 더해지면 결코 적은 액수가 아닙니다. 시간이 갈수록 재산은 비약적으로 불어나게 될 것입니다. 물론 그대로 두면 안 되고 주식투자를 해야 합니다. 복리의 기적은 굳이 말씀드리지 않아도 될 것 같습니다. 사실 시간은 가장 강력한 경제적 요소입니다. 시간이 없으면 아무 일도 일어나지 않으니까요. 그걸 떠올린 아이들이 이렇게 말했습니다. "저는 아빠보다 더 부자가 될 수 있어요."라고 말입니다. 기분이 참 좋더군요. 제 마음을 이해해 준 것도 기뻤지만 아이들이 스스로 자기 인생을 개척해 나가려고 해서 기분이 더 좋았습니다.

저는 아빠보다 부자가 되겠다는 아이들의 말을 현실성 없는 이야기로 듣지 않습니다. 실현 가능성이 충분한 이야기입니다. 팔불출이라고 할지 몰라도 저는 제 아이들이 경제 감각이 있다고 믿습니다. 아직 부족하고 초보적인 수준이지만 세상을 보는 시각이 제가 어릴 때와 많이 다릅니다. 여기에 체계적인 지식과 경험이 더해지면 충분한 부를 쌓을 수 있다고 생각합니다.

독자 여러분의 자녀도 얼마든지 부자가 될 수 있습니다. 돈에 쪼들리지 않고, 돈이 없어서 하고 싶은 일을 못하는 일을 겪지 않을 수 있습니다. 부모가 부자가 아니어도 아이들에게는 시간이라는, 막대한 부가가치를 생산할 수 있는 수단이 있습니다. 이 시간에 경제 감각을 더한다면 그야말로 부자가 되는 것은 시간문제입니다.

먼저 아이 명의로 증권 계좌를 개설하십시오. 액수는 중요하지 않습니다. 사람의 마음은 일단 적은 돈이라도 걸려 있어야 관심을 가지게 됩니다. 관심을 가져야 경제를 보게 되고 그래야 공부가 됩니다. 자녀에게 '이 주식은 너의 소유이다' 라는 말을 해주십시오. 그 주식과 관련된 결정은 항상 아이와 상의하십시오. 말만 네 것이라고 해놓고 부모 마음대로 결정하면 아이의 관심은 사라집니다.

아이를 기업의 주인이 되게 하라

주식을 가지고 있다는 건 어떤 의미일까요? 살 때보다 주가가 올라가면 시세차익을 남길 수 있다는 뜻일까요? 아니면 연말에 배당을 받을 수 있다는 뜻일까요? 잘 아시듯이 둘 다 정답이 아닙니다. 어떤 기업의 주식을 가지고 있다는 것은 그 기업의 주인이라는 뜻입니다. 따라서 주인으로서의 권리행사와 함께 책임도 다해야 합니다. 제가 이렇게 말하면 '그거야 교과서에 나오는 정의일 뿐이고 누가 그렇게 생각하고 주식투자를 하느냐'고 되묻습니다. '주식소유=기업주인'으로 생각하는 사람이 몇 명인지는 모르겠지만 적어도 한 명은 알고 있습니다. 그렇습니다. 바로 저입니다. 그리고 이런 생각이 제가 주식투자로 부자가 될 수 있었던 성공 비결의 핵심 중 하나입니다.

물론 저 역시 시세차익과 배당을 생각합니다. 보유하고 있던 주식을 팔아 다른 기업의 주식을 삽니다. 그러면서 무슨 주인이냐고요? 지금 살고 있는 집에서 평생 살 계획이 없더라도 우리는 스스로를 그집의 주인이라고 부릅니다. 소유하고 살고 있는 동안에는 주인인 것이지요. 주식도 그렇습니다. 소유하고 있는 동안은 주인입니다. 그때는 '주인노릇'을 해야 하는 것입니다.

주식투자를 통한 자녀경제교육의 목적은 우리 아이가 경제 감각을 키워 부자로 살게 하는 것입니다. 그리고 또 하나 중요한 목적이 있습니다. 그것은 바로 세상의 주인이 되게 하는 것입니다. 너무 거창하다고 생각하실지 모르지만 그렇지 않습니다.

지금 우리는 자본주의체제에서 살고 있습니다. 자본주의의 핵심은 기업입니다. 그리고 이 기업에서 생산한 제품과 서비스가 우리 생활의 터전을 이루고 있습니다. 여러분이 아침부터 저녁까지 사용하고 누리는 거의 모든 것이 기업에서 생산한 제품과 서비스입니다. 이러한 제품과 서비스를 구매하는 돈 역시 기업에서 나옵니다. 세상사 전체를 기업으로 설명할 수는 없지만 기업을 빼면 결코 설명할 수 없는 세상에 우리는 살고 있습니다.

따라서 기업을 모르면 세상을 알 수 없고 세상의 주인이 될 수도 없습니다. 자본주의의 핵심이 기업이고 그 기업의 주식을 사는 것은 기업의 주인이 되는 것이니까 결과적으로 세상의 주인이 된다는 논리가 아닙니다. 세상을 모르면 늘 손해를 보게 마련이고 다른 사람에 의해 휘둘리는 삶을 살게 됩니다. 제가 말하는 세상의 주인이란 자신의 인생을 주도적으로 살아가는 사람을 말합니다. 기업에서 직원으로 일하는 것은 바람직합니다. 그러나 인생에서 종업원으로 살아가는 것은 안 됩니다. 우리 아이들은 자기 인생의 주인이 되어야 합니다.

이제 제일 처음의 명제 '주식소유=기업주인' 으로 돌아가 보겠습니다. 주식을 소유했다고 해서 모두가 주인은 아닙니다. 법적인 주인은 맞지만 진정한 의미의 주인은 아닙니다. 주인이라면 자기가 소유하고 있는 것을 잘 알아야 하고 지속적으로 관심을 가져야 합니다.

씨앗을 뿌려놓고 관리도 하지 않는 농부를 그 땅의 진정한 주인이라고 할 수 없는 것과 마찬가지 입니다. 우리 아이들이 진정한 주인이 되기 위해 기업을 알아가고 그 과정에서 자본주의의 이치를 알아가는 것, 나아가 자신이 사는 세상의 이치를 알고 주도적으로 살아가는 것이 제가 바라는 것입니다.

그럼, 이제부터 독자 여러분의 아이들이 기업의 주인이 되는, 세상의 주인이 되는 방법을 함께 공부해 보도록 합시다.

주식농부 박영옥

Contents

2장
자녀를 강하고 현명한 투자자로 키워라

3장
주식에서 배우는 똑똑한 경제 공부

4장
주식 왕이 되려면 명탐정이 되어야 한다

5장
아빠와 함께 하는 실전 농심투자

우리 아이 부자 지수 체크리스트

"우리 아이의 경제상식은 몇 점짜리일까?"

지피지기면 백전백승이라고 합니다. 제대로 된 경제공부를 시키려면 지금 우리 아이의 경제 점수는 어디까지 와 있는지를 먼저 알아야 합니다. 아래 리스트에 체크를 해가면서 우리 아이의 경제 점수를 알아보시기 바랍니다.

	그렇다	아니다
1. 본인 명의의 통장을 하나 이상 가지고 있다.	○	○
2. 용돈기입장을 사용하고 있다.	○	○
3. 심부름을 하거나 집안일을 도와 부족한 용돈을 채운다.	○	○
4. 어린이 경제교육 캠프나 세미나에 참가한 적이 있다.	○	○
5. 책을 많이 읽는 편이다.	○	○
6. 자신의 물건을 소중히 사용한다.	○	○
7. 새로운 게임기나 핸드폰 등을 사달라고 조르지 않는다.	○	○
8. 조부모들과 함께 살고 있다.	○	○
9. 세뱃돈이나 큰돈이 생기면 저축한다.	○	○

	그렇다	아니다
10. 돼지 저금통을 가지고 있다.	○	○
11. 필요하지 않을 때는 전기 스위치를 내리는 것이 습관화되어 있다.	○	○
12. 한 번 산 학용품은 끝까지 사용한다.	○	○
13. 형제들 간에 옷을 물려 입은 적이 있다.	○	○
14. 가지고 싶은 물건은 목록을 짜서 보여준다.	○	○
15. 미래의 꿈을 물어보면 명확하게 답한다.	○	○
16. 어려운 사람들이나 가난한 사람들을 도와주고 싶어 한다.	○	○
17. 블로그를 운영하고 있다.	○	○
18. 호기심이 많다.	○	○
19. 쇼핑을 할 때 물건 값을 계산하는 데 익숙하다.	○	○
20. 되도록이면 적은 돈을 쓰려고 노력한다.	○	○

위 리스트 중에서 15개 이상에 '그렇다' 는 대답이 나온다면 경제 점수가 상당히 높은 편입니다. 이 아이는 어른이 되었을 때 부자가 될 가능성이 높습니다. 5개도 채 되지 않는다고요? 걱정은 하시되 실망할 필요는 없습니다. 우리 아이들은 아직 어리고 경제 감각을 키울 수 있는 충분한 시간이 있습니다. 부모님들께서 관심을 가지고 경제교육을 시킨다면 얼마든지 부자가 될 수 있습니다. 문제는 지금부터 어떻게 하시는가에 달려 있습니다.

어린 시절부터

경제교육을 받은 사람은

출발부터 다르다!

1장

자녀들의 경제교육,
부모가 앞장서야 한다

01

돈을 모르고
돈만 쫓는 아이

언젠가 초등학교 다니는 제 아이가 이런 질문을 한 적이 있습니다.

"아빠, 혹시 부자도 직업이랑 비슷한 거예요?"

그 말에 저는 너털웃음을 터뜨렸습니다. 그러다가 아이가 무슨 이유로 이런 말을 하는 건가 궁금해서 물었습니다.

"왜? 학교에서 무슨 일이 있었니?"

아이의 이야기를 들어보니 얼마 전 반 친구들에게 선생님이 미래의 꿈이 뭐냐고 물으시니까 대부분 친구들이 "부자가 될 거예요"라고 답했다는 것입니다. 처음에는 그런 아이들이 신기하고 귀엽기도 해서 웃음이 나왔지만 잠시 고민해보니 웃어넘길 일이 아니라는 생각이 들었습니다.

저는 곰곰이 생각해 보았습니다. 부자가 되겠다고 꿈꾸는 것은 좋지만, 부자를 '직업'이라고 생각하고 있는 아이들의 사고가 과연 맞는 것인지는 한번 깊이 고민해봐야 할 문제라는 생각이 들었습니다. 아이들 사이에서 '부자 열풍'이 다소 왜곡되어 있다는 느낌을 지울 수가 없었던 것입니다.

돈은 꿈과는 다른 것이다

자본주의 사회에서 돈은 우리가 호흡하며 살아가는 데 없어서는 안 될 공기만큼이나 소중한 것입니다. 돈이 부족하면 어쩔 수 없이 여러 불편함과 고통을 겪는 세상인 만큼 부모나 아이들 모두 부자가 되고 싶다는 소망을 가지는 것은 당연합니다. 이런 바람을 '약삭빠르다'든지 '너무 돈만 생각한다'고 비난할 수는 없습니다. 어릴 때 가난이나 돈을 모르고 자라면 돈 씀씀이에 절제력이 없고 세상물정 모르는 사람이 될 가능성이 큰 것처럼 좋은 경제교육을 받고 자란 아이들은 돈에 대해 올바른 개념을 깨우침으로써 부자가 될 가능성이 훨씬 커집니다.

부자가 된다는 것은 무엇일까요? 쉽게 말해 '돈을 많이 가진 사람'

이 되는 것입니다. 그러나 부자 그 자체가 인생의 목적일 수는 없습니다. 이런 말을 하면 '아직 구시대 사람이군' 하고 생각하실지 모르겠으나 저에게 부는 '목적'이 아닌 '부산물'이었습니다. 세계적인 부호들의 삶을 비추어보아도 사람이 원대한 꿈을 가지고 꾸준히 정진하는 가운데 자연스럽게 따라오는 것이 부라고 생각합니다.

> **돈 = 공기**
>
> **부자 ≠ 직업**

꿈을 이루면 돈은 자연스럽게 따라온다

제 또래 부모님들은 잘 아시겠지만, 초등학교 시절 "꿈이 무엇이냐"는 질문에 눈을 반짝이며 다양한 직업들을 이야기하는 풍경은 참으로 그립고 즐거운 기억으로 남아 있습니다. 아이들은 어른이나 친구들과 서로의 꿈을 나누는 가운데 자신의 미래를 그려보면서 인격적으로 사회적으로 성숙해나갈 기회를 가지게 됩니다.

아이들이 꾸는 꿈은 그 사회와 시대의 모습을 정확히 보여줍니다. 제가 어렸을 당시에는 '대통령'이라는 거창한 꿈도 있었지만 경찰관, 소방관, 간호사, 화가처럼 다양한 꿈을 이야기하는 친구들도 많았습니다. 한 달에 얼마나 벌고 어떤 일을 하는지를 계산하고 따져보기 전에 일단 이들 직업이 가지는 이미지가 아이들에게 적지 않은 영향을 미쳤던 것입니다.

그렇다면 직업 자체를 꿈이라고 할 수 있는지 생각해볼까요? 꿈은 한 사람이 가슴에 품은 비전(vision)이라고 할 수 있는데, 비전이라는 것은 결코 한정된 직업이나 돈이 아닌 '인생의 목표' 자체라고 할 수 있습니다. 꿈은 직업이나 돈을 포함하지만 인생 전체에서 그려나가야 할 더 큰 목표를 의미합니다. 따라서 부자가 되겠다거나 일정한 직업을 가지겠다는 것은 꿈 자체와는 다른 것입니다.

꿈 ≠ 직업, 돈

우리는 어떤 직업을 통해 더 많은 돈을 벌고 부자가 될 수도 있을 것입니다. 하지만 그 전에 명심해야 할 점은 인생의 비전이 크고 선명하게 그려질 때, 직업의 성취를 통한 기쁨과 더불어 따라오는 부와 명성을 함께 얻을 수 있다는 점입니다.

꿈(비전) 〉 직업 〉 부자

원대한 꿈을 꾸고 그에 걸맞은 직업을 가지면서 이를 통해 부와 명성을 얻은 세계적인 위인들은 이 점을 잘 알고 있었던 사람입니다. 우리가 세계 최고의 부자라고 부르는 워렌 버핏이나 빌 게이츠도 예외는 아닙니다. 이들은 어릴 때부터 자신의 노력은 물론 부모의 도움을 통해 부자와 돈에 대한 올바르고 건강한 관념을 쌓아갈 수 있었습니다. 이들은 돈이란 무엇이고, 부자란 무엇이며, 직업과 비전이란 무엇인지 그 개념을 정확히 이해하는 '돈을 잘 아는 아이들'이었던 셈입니다.

여기서 꼭 기억해야할 것이 있습니다. 워렌 버핏과 빌 게이츠의 뒤에는 바로 이들을 키워낸 부모들이 존재한다는 사실입니다. 워렌 버핏의 부모는 완고한 원칙으로 워렌 버핏이 10대 시절 자신의 투자금을 마련한다고 할 때 신문배달과 코카콜라 판매 같은 아르바이트를 하도록 독려했습니다. 빌 게이츠의 부모도 마찬가지입니다. 이들은 자식에게 큰돈을 물려주는 대신 엄청난 독서량과 호기심이라는 무형의 자산을 물려준 것입니다.

돈이 무엇인지를 잘 아는 아이들은 다음의 질문에 대답할 줄 알아야 합니다.

1) 꿈은 무엇인가?
2) 직업이란 무엇인가?
3) 부자란 무엇인가?
4) 돈이란 무엇인가?

바른 경제관념이 중요하다

그렇다면 우리 아이들의 현실은 어떨까요? 초등학교 한 반의 절반 이상이 '부자'가 꿈이라고 말하는 이 세대에 우리 부모들은 어떻게 대처하고 있는지, 과연 아이들에게 올바른 경제관념을 심어주고 그들의 꿈을 독려해본 적이 있는지 한 번쯤 되돌아봐야 할 것입니다.

저는 계산기 두드리는 식의 산술 위주로 편향된 공적 경제 교육과 돈이 최고이며 돈 벌려면 어떻게 살아야 하는지만 가르칠 뿐 부를 건강하게 누리고 잘 사용하는 길과 무관한 경직된 경제 교육에 반대합니다. 이는 돈만이 인생의 전부라고 믿거나, 그 반대로 돈이 무엇인지 전혀 모르는 아이를 만들어낼 수 있기 때문입니다.

단순히 돈의 중요성을 강조하기 전에 부모의 적금통장을 아이들에게 공개하고 몸소 절약하며 유용하게 돈을 사용하는 모범을 보여주는 편이 훨씬 나을 것입니다. 실전 위주의 교육이 아이들로 하여금 돈의 역할과 중요성을 몸소 체득하게 하고 경제가 중요한 현대 사회에서 잘 살아갈 수 있는 기본적 소양을 쌓게 해줍니다. 지금은 경제가 중요한 치열한 경쟁사회입니다. 성공적 삶을 살아가는 아이는 현명한 부모 손에서 길러진다는 점을 반드시 기억하고 아이들의 경제 교육에 더욱 정성을 모을 때입니다.

02

경제도 조기 교육이
필요하다

    만일 초등학교도 안 들어간 아이들이 돈에 대해 집착을 보인다는 이야기를 듣는다면 대부분의 어른들은 이렇게 말할 것입니다.

    "아, 요즘 아이들은 정말 빠르군. 돈만 아는 세상이 맞기는 맞는 것 같아."

    하지만 이것은 어른들의 오해일지도 모릅니다. 재미있는 사례 하나를 들어보겠습니다. 미국에서 실시한 '어린이들의 경제 행동 조사'에 따르면 어린이들은 빠르면 3세부터, 적어도 5~6세부터는 돈에 대한 욕망을 갖기 시작한다고 합니다. 즉 걸음마를 떼고 세상을 인식하기 시작하면서 돈이라는 게 자신의 삶에도 영향을 미치는 귀중한 것임을 거의 본능적으로 깨닫게 된다는 뜻입니다.

아이들이 돈을 궁금해 하고 부자가 되고 싶어 하는 것은 전혀 문제가 아닙니다. 아이들이라고 해서 자신의 용돈을 사용해 과자를 사는 재미를 무시하고 오직 엄마가 해주는 식사만 먹으면 만족할 것이라는 생각은 편견일지 모릅니다. 진짜 문제는 아이가 돈을 말하고 가지고 싶어 하는 것이 아니라 돈에 대해 가지고 있는 부모들의 편협한 생각일 것입니다.

세 살 경제관념이 여든까지 간다

세 살 버릇 여든까지 간다는 것은 비단 습관에만 해당되는 것이 아닙니다. 경제관념에서도 마찬가지이므로 되도록 일찍 경제 교육을 시작해 평생 유용하게 쓸 자산 관리 능력을 키워줘야 합니다. 돈이란 무엇이고, 이것을 어떻게 관리해야 하는지, 나아가 어떻게 부를 쌓을 것인지를 생활 속에서 가르쳐야 합니다.

이는 경제에 대해 일찍부터 많이 알수록 경제적인 속박에서 자유로울 가능성이 커지기 때문입니다. 어린 시절 부모를 보고 배우는 것이 아이의 인성 대부분을 결정하는 만큼 부모부터 올바른 경제생활의 모범을 보여줄 필요가 있습니다.

그렇다면 경제란 과연 무엇일까요? 우리 사회에서 어른이나 아이나 '경제' 라는 말에서 자유로울 수 없습니다. 하지만 이 경제의 의미를 제대로 알고 있는 사람은 많지 않습니다. 예를 들어 많은 어른들이 '경제는 돈이다' 라는 피상적인 상식은 알고 있지만 사실상 돈은 경제의 일부일 뿐입니다.

경제는 영어로 'economy' 라고 불리며 사전적인 의미에서 보면 '인간의 생활에 필요한 물건이나 서비스를 생산하고 분배하고 소비하는 모든 활동' 을 의미합니다. 쉽게 말해 경제는 우리가 살아가는 데 필요한 물건을 만들어내고 그것을 필요로 하는 사람들에게 팔거나 필요한 사람이 사서 쓰는 모든 활동을 말합니다.

즉 경제는 돈을 버는 것만 의미하는 것이 아니라, 돈을 벌기 위해 노력하고, 그 돈을 적절히 쓰고 재분배되는 모든 과정을 말하는 것입니다. 따라서 경제교육을 한다고 할 때는 돈 버는 방법, 그것을 적절히 사용하고 관리하는 방법, 물건을 사고파는 방법, 이 모두를 총체적으로 가르친다는 의미입니다.

지금 바로, 가정에서 시작하라

그렇다면 이러한 조기 경제 교육에 많은 돈이 들어가거나 부모의 과분한 노력을 필요로 하는지 살펴볼까요? 요즘 들어 좋은 교육은 돈 많은 부자만 시킬 수 있다는 생각이 만연한 것 같습니다. 그러다 보니 생활이 어렵거나 바쁜 부모들은 자연스레 아이들 교육을 방치하는 경향이 있습니다. 그러나 저는 돈 많고 한가한 부모만이 좋은 경제교육을 시킬 수 있다고 생각하지 않습니다. 때로는 평범한 집안, 또는 가난한 그 상태 그대로가 아이들에게 좋은 경제교육의 본보기가 될 수 있다고 믿습니다. 문제는 부모가 경제 교육을 시키겠다는 마음이 있는가 하는 것입니다.

저는 어린 시절 가난한 집안에서 성장했습니다. 큰 부자는 아니지만 생활이 어렵지 않았던 집안이 아버지가 병환으로 몸져누우시면서 급격히 기울기 시작했습니다. 제가 8살 때 아버지께서 돌아가셨고 집안에 남아있는 재산은 거의 없었습니다. 네 남매 중에 장남이었던 저는 어머니의 어려운 생활을 가장 가까이에서 지켜보고 자랐습니다. 어머니는 멀리서 물건을 떼다가 머리에 이고 다니며 파는 것으로 생계를 꾸려나가셨습니다.

장사 수완이 있으셨으니 그것으로 아이들을 키웠을 것입니다. 그런데 제가 어머니께 그와 관련된 것을 직접 배운 적이 없습니다. 나도 모르게 어깨너머로 익힌 것들이야 있겠지만 그게 전부였습니다. 제가 경제라는 신기한 세상을 처음 접한 것은 신문을 팔 때였습니다. 12시간 맞교대인 공장에서 일을 하다가 공부할 시간을 가지기 위해 신문을 팔기 시작했습니다. 아침 8시부터 오후 3시까지 신문을 팔고 나면 이후부터는 공부를 할 수 있었습니다. 그런데 정말 신기한 일이 일어났습니다. 한 달 내내 12시간씩 일을 할 때보다 한 부에 20원씩

남는 신문장사로 더 많은 돈을 벌었던 것입니다. 일하는 시간도 더 짧은데 말입니다.

아직 어린 시절이라 그 신기함을 논리 정연하게 정리하지는 못했지만 뭔가 내가 알지 못하는 것이 있다는 느낌은 받았습니다. 그리고 노력도 중요하지만 그것만이 전부는 아니라는 것도 조금은 알게 되었습니다. 대학에서 공부를 하면서 '아, 장사의 이치가 이런 거구나' 라고 깨달았습니다.

이런 이치를 어머니는 알고 계셨을 것입니다. 그런데도 자식에게 가르쳐 주실 생각은 못하셨습니다. 당시 대부분의 부모들이 그랬습니다. 어머니께서 제가 어렸을 때부터 장사의 이치를 알려주셨더라면 어땠을까요. 저는 조금 더 빨리 경제에 관심을 가지게 되었을 것입니다. 뒤늦게라도 장사의 이치, 10원의 무서움을 알게 된 것이 행운이라면 행운입니다.

부모님들은 적어도 자식보다는 경제에 관해 많이 알고 있습니다. 그런데 그 지식을 자식에게 나눠주지 않습니다. 미리 알려주면 그만큼 시행착오를 줄일 수 있습니다.

03

부모가 해주지 않으면
아무도 해주지 않는다

"집에서 따로 경제교육을 시키고 계십니까?"라고 물을 때 대부분의 부모들은 "그런 건 학교에서 배우는 거잖아요?"라고 대답합니다.

많은 부모들이 아이들이 부자가 되기를 바라면서도 경제교육을 뒤로 미루거나 학교에만 맡겨버리는 이유는 무엇일까요?

첫째는 부모님들 자신도 체계적인 경제교육을 받아보지 못했기 때문입니다. 우리가 지난 세대에서 배워온 경제교육은 '열심히 일하고 열심히 절약해서 열심히 저축하면 된다' 는 것이 거의 전부였습니다.

세 가지 덕목 중 어느 하나 버릴 것은 없지만 그것만이 전부는 아닙니다. 똑같은 직장에서 똑같은 월급을 받고 똑같이 아껴도 세월이 지나고 나서 보면 재산에 차이가 많이 나는 경우를 쉽게 볼 수 있습니다.

왜 이런 현상이 나타나는 것일까요. 저는 경제관념의 차이라고 생각합니다. 경제의 흐름을 보고 현명하게 대처하는 사람과 그냥 열심히 일하고 열심히 저축하는 사람은 차이가 나기 마련입니다. 무서운 일은 부모가 경제관념이 없으면 아이들도 경제관념이 없는 어른으로 자란다는 것입니다.

두 번째 이유는 경제는 몸소 경험하면서 배우는 것이니 가만 뇌두면 알아서 잘하리라는 편견을 가진 부모님들이 의외로 많다는 것입니다. 공부에도 선지식이라는 것이 있습니다. 체험한 후 알게 되는 경제 공부보다 예습을 하게 되면 어떤 상황이 닥쳤을 때 대처하는 능력을 더 잘 발휘할 수 있다는 뜻이죠.

셋째, 복잡하고 어려워 보이는 경제 공부를 어디서 어떻게 시작해야 할지 잘 모르는 것도 부모들이 아이들의 경제공부를 등한시하게 되는 중요한 이유입니다. 공부는 무조건 교실에서 배워야 한다고 생각하는 고정관념이 부모 세대에 자리하고 있습니다. 그러다 보니 비단 국영수뿐만 아니라 경제과목 사교육 기관이 있다면 그곳에라도 보낼 기세입니다. 하지만 경제교육에서 가장 훌륭한 선생님은 부모이며 올바른 경제교육은 가정에서부터 시작된다는 사실을 꼭 기억해야합니다.

경제교육, 어떻게 시작할까요?

먼저 아이를 경제와 친하게 만들어야 합니다. 쉽고 즐겁게 배울 수 있는 방법이 얼마든지 있습니다.

가장 일반적으로 쓰이는 방법을 하나 살펴볼까요? 부모가 먼저 가계부를 작성하는 것입니다. 저와 아내는 결혼 이후 한동안은 가계부를 쓰지 않았지만 첫 아이가 태어난 뒤부터는 꼼꼼하게 가계부를 써왔습니다. 나중에 첫 아이가 크고 나자 가계부를 보여주면서 아이에게 가족의 일원으로서 우리 집 경제 상황을 알 수 있도록 했습니다. 더불어 "너도 엄마 아빠처럼 용돈 기입장을 써보도록 하자."라고 제안했고, 아이도 그것을 순순히 받아들였습니다.

지금 고등학생으로 성장해서 미국에 유학을 가 있는 첫째 아이는 돈에 대해서는 저보다 더 철저합니다. 제가 주식을 통해 많은 재산을 증식한 이후에도 아이는 타지에서 자신의 돈을 잘 관리하면서 철저히 자신의 경제생활을 규모 있게 꾸려가려고 항상 노력합니다.

최근 한 주부클럽 소비자정보센터에서 운영하는 어린이 CEO 경제교육에서 실시한 경제교육도 소개할 만합니다. 이 수업에서는 그동안 저축만이 미덕이라는 획일적 교육에서 벗어나 용돈기입장 작성을 통해 받은 용돈 내에서 돈을 잘 쓰는 방법을 가르쳐줌으로써 한 단계 높은 수준의 경제교육을 제안하고 있습니다. 또한 생산자와 소비자 사이의 신뢰를 통한 경제정의 실현과정 교육과 조별로 상품 아이템

개발, 생산, 판매까지의 내용을 담은 창업계획서 작성을 통해 창업의 꿈을 키워주기도 합니다. 자금조달 계획과 이익의 규모, 이익의 사회 환원 등 초등학생에게 다소 버거운 내용들이 많지만 여러모로 경제 지식을 갖추는 데 좋은 기회임은 틀림없어 보입니다.

우리 가정에도 한 가지 독특한 경제교육 방식이 있습니다. 금융기관에 오래 근무한 전업 투자자로서 살아온 가장인 만큼 저는 우리 아이들에게 주식 공부를 가르쳤습니다. 주식을 투기와 사행심으로 연결시키는 분들도 적지 않지만 제게 주식투자는 철저한 계획과 꾸준한 노력으로 일구어가는 투자의 개념입니다. 수시로 변하는 시황의 변동 속에서 잃을 때도 있고 더 얻을 때도 있지만 주식투자는 사회의 경제 흐름을 놓치지 않고 경제 감각을 길러주는 훌륭한 스승인 것입니다.

주식투자로 폭넓은 경제교육을 시켜라

저는 주식투자를 자녀들에게 살아있는 경제 교육을 시킬 수 있는 가장 좋은 방편으로 봅니다. 제게는 세 명의 자녀가 있는데, 아이들에게 소액을 증여해 주식투자를 해주고 있습니다. 미리 주는 유산인 셈입니다. 계좌는 아이 명의로 되어 있지만 관리는 제가 해주고 있습니다. 언젠가는 스스로 기업을 선택하고 투자를 하는 날이 오겠지만 아직은 아닙니다. 아빠가 다 관리해주는데 그게 무슨 경제교육이 되겠느냐고 생각할지 모릅니다. 하지만 그렇지 않습니다.

아이들은 자신이 어떤 기업의 주주인지 알고 있습니다. 저는 아이들이 보유한 주식의 가격이 떨어지거나 올라가면 왜 그런 현상이 일어났는지 설명해줍니다. 물론 그 전에 왜 그 기업의 주식을 샀는지 말해주었습니다. 아빠가 다 알아서 해주니까 아이들은 관심을 가지지 않을 수도 있겠다고요? 그렇지 않습니다. 아빠가 가진 주식의 가격이 오르내리는 것은 관심이 없을지 몰라도 자기가 소유한 주식이라면 이야기가 다릅니다. 놀랍게도, 아이들은 자기가 투자한 기업에 대해 깊은 관심을 보여주었습니다. 더욱 놀라운 것은 해당 기업뿐만 아니라 다른 기업에도 관심을 가지더라는 것입니다. 다른 친구들이 브랜드만 보고 물건을 고를 때 저희 아이들은 물건을 사면서 그것을 생산한 기업에도 관심을 가졌습니다.

아직은 어린 아이들이니 경제를 보는 눈이 얕을지도 모릅니다. 그러나 시간의 힘은 무섭습니다. 지금 여러분의 자녀가 초등학교 1학년이라고 가정해 봅시다. 아이 명의로 주식을 사주고 그 사실을 알려줍니다. 액수는 전혀 중요하지 않습니다. 10만 원이라도 초등학생에게는 엄청나게 큰돈이고 관심을 불러일으키기에 충분한 액수입니다. 아이가 대학을 졸업하고 사회에 나가기까지는 16년 정도의 세월이 남아 있습니다. 16년 동안 지속적으로 경제에 관심을 가지고, 기업의 활동에 관심을 가지고, 물건을 하나 살 때도 경제의 흐름을 생각한다면 어떤 일이 벌어질까요? 그 아이는 경제에 관한 한 누구보다 해박

한 지식과 통찰력을 갖게 될 것입니다.

물론 그냥 주식을 사주는 것만으로는 부족합니다. 부모가 일상생활에서 주식과 생활을 연관 지을 수 있도록 유도를 해야 합니다. 경제뉴스를 보고 질문을 하는 것도 좋은 방법이고 마트에 가서 투자한 기업의 물건을 찾아보는 것도 좋습니다. 부모가 아이의 질문에 척척 답해주는 것보다 함께 알아나간다는 생각을 갖게 하는 것이 중요합니다. 자녀 경제교육의 목적은 부모가 모든 것을 알려주는 것이 아니라 아이 스스로 경제에 관한 관심을 갖게 하는 것입니다. 스스로 경제공부를 하도록 하는 것이 중요합니다.

조기 경제교육의 7가지 원칙

노후에 자식들에게 큰 자산을 물려주는 것은 반드시 후유증과 한계가 있습니다. 그보다는 좋은 기업에 투자를 해 줌으로써 자녀들이 실물경제를 바로 알고 잘 대처할 수 있는 터전을 만들어 주는 것이 보다 더 중요할 것입니다. 유태인 속담처럼 자녀에게 잡은 고기를 주는 것보다 잡는 방법을 가르쳐 주는 지혜가 필요한 것입니다.

다음은 제가 생활 속에서 정리해본 조기 경제교육의 7가지 원칙입니다. 지금 당장 생활 속에서, 우리 가족처럼 나름대로의 특별한 계획표를 짜서 실행해 나간다면 얼마든지 훌륭한 자녀 경제교육이 가능할 것입니다.

1. 경제교육은 생활교육입니다

흔히 '경제교육' 이라고 하면, '수요와 공급의 법칙', '보이지 않는 손' 과 같이 경제 기초 지식을 중심으로 학습해 나가는 것을 상상하곤 합니다. 그러나 올바른 경제교육은 단순하게 지식을 습득하는데 그 치는 것이 아니라 실생활에서 일어나고 있는 여러 유형의 경제활동 을 배워 가면서 사회와 지속적인 커뮤니케이션을 하는 생활 교육이 되어야 합니다.

2. 아이 스스로 배우게 해야 합니다

모든 공부가 그렇듯이 경제 공부도 스스로 하는 것이 좋습니다. 아 이가 물어볼 때마다 부모가 척척 대답해준다면 아이는 스스로 찾아 서 공부할 능력을 잃게 됩니다. 아이들은 부모가 대답해주는 것보다 '우리 같이 찾아볼까' 라고 말하는 것을 더 좋아합니다.

3. 인과관계를 중시해야 합니다

아이가 어떤 물건을 갖고 싶어 하거나, 무언가 원하는 것이 있는 경 우 스스로 그것이 꼭 필요한 것인지 먼저 생각해 보고, 단순한 즉흥 감 정에 의해 필요하다는 주장은 수용될 수 없음을 주지시켜야 합니다.

4. 노력과 대가의 중요성을 알게 해야 합니다

아이가 필요로 하는 것이 있고, 그 이유도 타당하다고 하여 바로 들어주지 말아야합니다. 어떤 일이건 대가가 있다는 단순하고도 기초적인 경제 원리를 망각하게 해서는 안 됩니다. 사소한 대가라도 아이가 직접 치르고 나서야 목적을 달성할 수 있도록 합니다.

5. 계획적인 아이로 키웁니다

철저한 계획에 의한 활동을 하도록 훈련시킵니다. 거창하고 복잡한 계획을 세우는 것이 아니라 단순하고 간단한 일부터 어떻게 처리할 것인지 먼저 계획을 세워보고 실천하게 하는 습관을 들입니다.

6. 부모가 솔선수범해야 합니다

아이가 함께 공감할 수 있는 행동지침을 만들고, 부모가 솔선수범하여 지키는 모습을 보여야합니다. 열 마디의 충고보다 단 한 번의 실천이 아이에게 더 큰 동기를 불러일으킬 것입니다.

7. 한 가지씩 차근차근 가르쳐야 합니다

한 번에 너무 많은 것을 가르치려는 욕심을 버립니다. 간접 경험만으로 모든 것을 가르치려는 노력은 아이들에게 반발을 초래할 수 있으므로 먼저 아이가 직접 은행에 가서 통장을 만들어 오도록 체험의 기회를 제공해 보십시오. 아이는 훨씬 흥미로워 할 것입니다. 판단력, 자립심, 리더십을 키우는데 직접 체험보다 더 값진 것은 없으므로 간접 체험은 대안일 뿐 최선의 방법이 아님을 명심 하십시오.

04

시간과 꿈을
소중히 여기게 하라

    전 세계 0.1% 인구로 15%가 넘는 노벨상 수상자를 배출해낸 유태인의 자녀교육은 항상 전 세계 많은 부모들의 관심사가 되어왔습니다. 자녀교육의 달인이라고 불리는 유태인들은 과연 자녀들에게 무엇이 가장 소중하다고 가르쳤을까요?

    돈과 친구, 신뢰와 우정, 그 외에도 이들의 경전인 탈무드에는 중요한 가치들이 많이 등장하지만 가장 중요한 것 하나가 바로 시간입니다. 유태인들은 시간을 상품이나 금고 속에 넣어둔 돈과 비슷하게 생각했습니다. 시간을 허비하는 것을 도둑맞는 것과 똑같이 여겼던 것입니다.

시간 금고의 중요성

시간과 관련해 유태인의 업무 습관은 철저하기로 유명한데, 예를 들어 이들은 하루 8시간의 근무시간을 '1초에 얼마' 라는 식으로 생각하며 일을 하는 것으로 잘 알려져 있습니다. 한 달에 20만 달러를 받는 사람이라면 하루에 8,000달러, 1시간에 1,000달러, 1분이면 17달러 정도를 번다고 생각하는 셈입니다. 따라서 일에 집중해야 할 5분을 업무 외의 일로 소비했다면 85달러를 도둑맞았다고 생각합니다. 이처럼 시간에 정확한 민족성 때문에 유태인들은 어릴 때부터 정해진 시간 안에 모든 일을 마치는 훈련을 받으며 자라납니다.

그들의 시간교육은 단순히 돈으로만 환산하는 데 그치는 것이 아닙니다. 이들이 자녀들에게 시간을 정확히 엄수하게 하고 시간의 소중함을 가르치려고 노력하는 것은 자녀들이 자신들의 인생을 소중하게 여기라는 주문인 것입니다.

'시(時)테크' 가 성공의 비결이다

어른들은 이미 절반의 인생을 살았습니다. 하지만 어린이들이나 청소년들은 앞으로 살아갈 날이 새털처럼 많습니다. 그 나날의 시간들, 한 시간, 1분의 시간들이 모여 그 아이의 삶을 만들어가게 됩니다. 시간을 소중히 여기고 잘 사용하는 것은 그 시간들을 자신의 꿈을 위해 올바로 투자하는 것을 의미합니다. 그런 의미에서 돈을 잘 관리하는 기술을 '재財테크' 라고 한다면 시간을 잘 관리하는 기술을 '시時테크' 라고 합니다.

예를 들어 한 아이가 어릴 때부터 자신이 하고자 하는 바를 정하고 그것을 목표삼아 꾸준히 정진해 나간다면 그는 시간을 몇 배나 더 값지게 사용하는 것과 같습니다. 그것은 엄청난 비용을 들여 단기간에 비싼 교육을 시키는 것보다 훨씬 큰돈을 버는 일인 셈입니다.

실제로 세계 최고의 부와 명예를 이룬 사람들은 대부분 시간 관리의 귀재였습니다. 〈시간을 정복한 남자 류비세프〉라는 책을 보면 류비세프의 철저한 시간 관리에 감탄할 수밖에 없습니다. 그는 생물학자로서 보통 학자들의 몇 배에 달하는 연구결과와 논문을 발표한 사람입니다. 이 같은 놀라운 결과 뒤에는 바로 철저한 시간관리가 있었습니다. 그는 정해진 하루 일과를 정확히 고수하면서 그것을 타임 테이블에 철저하게 적었습니다. 심지어 아들이 죽은 날에도 자신의 타임 테이블을 비워두지 않았을 정도였지요.

나아가 자투리 시간도 헛되이 쓰지 않았습니다. 산책 시간은 주변의 식물과 곤충을 관찰하는 시간으로 활용했고 정해진 업무가 끝나면 자기가 즐거워하는 일에 푹 빠져들었습니다. 그의 철저한 시간관리는 한 사람이 얼마나 철저하게 자기 시간을 지배할 수 있는지를 잘 보여줍니다.

그런가 하면 독일의 유명 철학자 칸트도 오후 4시 산책으로 유명합니다. 그는 그 어떤 일을 하더라도 오후 4시가 되면 산책길에 나섰는데 그가 거리로 나오면 동네 사람들이 칸트를 보고 시계를 맞췄다는 일화로 유명합니다. 또한 청소년들이 가장 닮고 싶어 하는 인물인 반기문 총장 역시 항상 양복 안주머니에 하루 일정과 몇 개월 일정이 빼곡히 담긴 개인 스케줄 시간관리 공책을 가지고 다녔습니다. 그럴 수밖에 없는 것이 수많은 국가 원수들과 총회들에 참가하다 보니 1분까지 쪼개 써야 했기 때문이지요. 반기문 총장은 그래서 분 단위로 관리하는 시간 관리자로 유명합니다.

꿈이 있는 아이는 시간의 소중함을 안다

시간의 중요성은 꿈에 대한 열망의 크기와도 관련이 있습니다. 어릴 때부터 꿈이 있는 아이는 결코 시간을 헛되이 보내지 않으며, 그렇게 꿈과 시간의 소중함을 아는 아이는 나중에 어른이 되어서도 남들보다 부자가 될 가능성이 훨씬 높아집니다. 다시 말해 어릴 때부터 시간 교육을 철저히 받고 그 시간을 꿈을 위해 투자하는 습관이 든다면 그 자녀가 세계 제 1의 부자가 되는 것이 결코 꿈만은 아니라는 의미입니다.

워렌 버핏은 1930년 경제 대공황의 시기 오마하라는 마을에 태어 났습니다. 수없이 많은 사람들이 직장에서 쫓겨나 거리를 헤매고 굶 주렸던 시기였습니다. 미국 근로자의 30%가 실직을 했고 자살하는 사람도 많았지요.

이런 시기 워렌 버핏이 살던 작은 마을인 오마하도 그 불행에서 피 해갈 수 없었습니다. 증권사 세일즈맨으로 일했던 아버지는 주식시 장이 연일 추락하게 되자 결국 해고되고 말았습니다. 이렇게 어려운 가정환경에서 자란 버핏은 어린 시절부터 신문을 배달했습니다. 추 운 겨울날도, 비가 오는 날도 결코 쉬지 않았습니다. 신문을 다 배달 하고 나면 잉크에 손이 검게 물들었습니다.

이런 열악한 환경 속에도 어린 버핏은 '나는 왜 가난한 집에서 태 어났을까? 어째서 우리 부모님은 돈이 없을까?' 라고 생각하지 않았 습니다. 오히려 신문을 돌리면서 먼 훗날 세계를 놀라게 할 비즈니스 수완을 하나씩 키워갔습니다.

당시 버핏은 신문을 돌리면서 작은 노트에 독자들의 구독 기간 만 료일을 일일이 적어두었습니다. 그리고 구독 기간이 끝나면 찾아가 서 구독을 권하거나, 만일 구독하던 신문을 더 이상 보지 않겠다고 하 면 다른 신문의 구독을 권하면서 배달 부수를 늘려갔습니다. 그 덕에 워렌 버핏은 신문배달 소년이었던 10대 시절 이미 성인 남자 직장인 들과 크게 다를 바 없는 월급을 벌었다고 합니다. 만일 어린 버핏에 게 가난에서 벗어나 최고의 비즈니스맨이 되겠다는 꿈이 없었더라면 그 혹독한 가난의 겨울을 결코 이겨낼 수 없었을 것입니다. 버핏에게는 강력한 꿈이 있었고, 그 꿈이 그의 시간을 헛되이 보내지 않도록 만든 것입니다.

시간 관리의 힘은 길러지는 것이다

저는 시간 관리의 힘이 처음부터 타고나는 것은 아니라고 생각합니다. 시간이 얼마나 귀중한지는 경험을 통해 알아가는 것입니다. 저는 중학교를 졸업하고 서울로 올라왔고 목표했던 고등학교를 가지 못하고 고향 어른이 운영하는 섬유가공공장에 취직을 하게 되었습니다. 당시 공장은 1일 2조 2교대로 일을 했고 여기서 3년 차 되던 해에 경복부설방송통신고등학교에 입학을 했습니다. 다행히 다니던 회사가 쉬는 첫째 주, 셋째 주 일요일과 출석수업을 하는 날이 겹쳐서 한 번도 수업에 빠지지 않을 수 있었습니다. 하지만 수업을 따라가려면 말 그대로 주경야독을 하지 않으면 도무지 진도를 따라잡을 수 없었습니다.

그래서 그날 공부할 것을 밤에 하고 모자라면 낮 시간에 일을 하면서 틈틈이 메모지를 들여다보았습니다. 그러다가 소소한 사고를 일으키기도 했지만 잠시의 시간도 놓치면 이마저도 졸업이 힘들 상황이었습니다. 그때 제가 간절히 바란 것은 한 가지였습니다. 단 하루라도 온전히 내 시간이 있다면 얼마나 공부를 열심히 할 수 있을까 하는 바람이었습니다.

결국 고등학교 3학년이 되자 회사를 그만두고 불광동 시외버스터미널에서 신문을 팔고 오후가 되면 학원에서 공부를 시작한 것도 조금이라도 공부할 시간을 늘려보고 싶어서였습니다. 남들이 보기에는 그나마도 반쪽 시간이었는지 몰라도 제게 그 오후 시간은 남들의 하루보다 더 길고 달콤한 시간이었습니다.

부모가 먼저 시간을 아껴 써라

흔히 부모들은 아이들에게 "시간 아까운 줄도 모르고 사는구나." 하고 핀잔을 줍니다. 하지만 그런 말은 아이들에게 상처를 입힐 뿐입니다. 부모가 먼저 자신의 시간을 아껴 쓰는 모습을 보여주고 아이들에게 바쁜 과제를 안겨주고 그것을 장기적으로 평가하는 습관을 들여 주는 편이 훨씬 현명합니다. 엄마나 아빠는 매일 텔레비전을 보거나 늦잠을 자면서 아이들에게만 텔레비전을 보지 말고 일찍 자라고 말하는 것은 앞뒤가 맞지 않습니다. 부지런하고 성실한 아이들은 그 부모를 거울처럼 보고 자란 경우가 많습니다. 모범적인 부모들은 거의 대부분이 성실하고 근면하게 자신의 역할을 수행하고 아이들에게도 이것을 가르칩니다.

당장 먹고 사는 것을 걱정해야 하는 어른들의 현실에 비해 우리 아이들은 향후 10~20년이라는 강력한 시간의 힘을 가지고 있습니다.

그러기에 우리의 자녀들은 누구든 세계 제일의 부자가 되는 꿈을 꿀 수 있고 그런 믿음으로 열심히 노력한다면 결코 불가능한 일이 아닙니다. 시간과 꿈의 중요성, 이 두 가지를 확고히 가슴에 품은 아이들은 결코 어긋난 길을 가거나 자신의 삶을 방기하지 않습니다. 문제집 하나 더 풀도록 하기 전에, 용돈을 더 올려주기 전에, 이 두 가지를 깨닫게 해주는 부모야말로 아이의 평생에 가장 훌륭한 선물을 주는 부모가 될 것입니다.

05

세계 최고 부자들의
자녀 경제 교육

부모 마음은 한결같습니다. 자식을 둔 부모라면 늘 자기 자녀가 잘 되기를 바랍니다. 많은 부모들이 제대로 된 교육을 시키려고 불철주야 노력하는 것도 다 그 때문이지요. 그래서 많은 정보를 수집하고 가능한 한 좋은 교육을 시키려고 노력하지만, 정작 한 가지 중요한 사실을 간과하게 되는 경우가 많습니다. 아이의 가장 큰 역할 모델은 그 누구도 아닌 바로 부모 자신이라는 점입니다.

아이는 태어나서 어른이 될 때까지 부모의 모습에서 세상을 살아가는 법을 배우고 자신도 모르게 부모를 닮아갑니다. 물론 요즘 아이들은 집에 있는 시간보다 학교나 학원에서 보내는 시간이 훨씬 더 많아졌지만 그럼에도 삶에 대한 태도는 여전히 부모로부터 대물림될 수밖에 없습니다. 이것은 작은 것에서부터 큰 것에까지, 중요한 인성교육은 물론이거니와 경제 교육에도 어김없이 적용됩니다.

세상에 부자는 많지만 존경받는 부자들은 그다지 많지 않은 것이 현실입니다. 그렇다면 존경받는 부자들에게는 어떤 다른 점이 있을까요? 이들에게는 한 가지 공통점이 있습니다. 그들은 어려서부터 부모에게 중요한 성공 원칙들을 배워왔고, 자기 자녀들에게도 그 원칙들을 정성껏 가르침으로써 부에 대한 올바른 개념을 심어주며 부의 남용에서 올지 모를 방종의 위험을 차단해준 소위 '자녀테크'에 힘써온 것입니다.

요즘 들어 경제 교육에 대한 관심이 높아지면서 많은 부모들이 경제 교육에 대한 정보를 수집하고 따라하기 위해 노력하지만 너무 많은 정보 속에서 오히려 길을 잃는 경우도 있습니다. 이럴 때 훌륭한 부모 밑에서 좋은 경제 교육을 받고 자란 전 세계 부자들의 교육 과정을 들여다보는 것은 생각보다 큰 도움이 될 수 있습니다. 워렌 버핏, 록펠러, 빌 게이츠, 잭 웰치, 샘 월튼 등 세계의 부자들, 이들은 어떻게 자녀들을 키워냈을까요? 지금부터 이들이 중시했던 가정경제교육의 현장으로 찾아가보도록 하겠습니다.

빌 게이츠 : 독서로 호기심을 키워 정보의 세계와 만나다

빌 게이츠는 마이크로소프트사라는 세계적 컴퓨터 소프트웨어 회사의 회장으로 세계 최고의 부자입니다. 흔히 성공할 아이들은 떡잎부터 다르다고 하지만 이 또래의 아이들이 사실상 부모 밑에서 자란다는 점에서 그 근본에는 가정교육이 있음을 알 수 있습니다. 빌 게이츠에게는 훌륭한 부모님이 계셨습니다. 실제로 빌 게이츠가 당신의 역할 모델은 누구냐고 물었을 때 조금도 주저하지 않고 부모님이라고 대답한 것은 유명한 일화입니다.

빌 게이츠는 성공한 변호사 아버지, 그리고 은행가 집안의 딸인 어머니 밑에서 자랐습니다. 이처럼 중산층 가정에서 성장한 만큼 빌 게이츠는 가난을 제대로 모르고 자란 몇 안 되는 갑부입니다. 중요한 것은 그가 '가난'이라는 혹독한 경험 없이도 부자가 될 수 있었던 비결입니다. 거기에는 바로 독서와 호기심, 그리고 정보를 중요시 여기는 부모님의 교육이 있었습니다.

빌 게이츠의 부모님은 아들이 단순히 공부를 잘하고 좋은 직업을 얻어 부유한 삶을 살아가기보다는 많이 읽고 깊이 생각하고 호기심을 기르도록 독려했습니다. 또한 그 자신들도 비즈니스, 법률, 정치, 자선활동 등 밖에서 경험한 것을 자녀들과 대화하면서 고스란히 전해주기 위해 노력했습니다. 별다른 체험 캠프나 학원을 다니지 않고도 가정교육을 통해 자연스럽게 풍부한 세상 공부를 할 수 있었던 것입니다.

또 하나 빌 게이츠가 어린 시절의 소중한 자산으로 여기는 것은 바로 독서입니다. 빌 게이츠의 부모는 아들이 정보를 수집하는 것을 '책'을 통해 하도록 독려했습니다. 아버지는 유년기 때부터 빌 게이츠를 자주 도서관에 데리고 갔으며, 그 덕분에 식탁에서도 책을 놓지 않을 정도로 독서를 즐기게 되었습니다. 될 수 있으면 텔레비전을 보지 않도록 했고, 책을 많이 사 주었습니다. 또 아이들 중 하나라도 밤 늦게까지 책을 읽으면 잠자리에 들어야 할 시간을 엄격하게 따지지 않았습니다.

빌 게이츠는 일곱 살 때 부모가 사준 백과사전을 처음부터 끝까지 읽기로 결심했고 a부터 p까지 읽어내는 데 성공했습니다. 당시 백과사전을 이용한 빌 게이츠의 부모의 현명함이 돋보입니다. 저녁 식사 대화 도중 잘 모르는 단어가 나오면 누구든지 자리에서 일어나 부엌 옆의 서재로 간 뒤 대형 백과사전을 펼쳐 들고 단어를 찾아서 큰 소리로 모두에게 뜻을 읽어 주었습니다. 이런 경험을 통해 빌 게이츠는 문제가 있더라도 반드시 답을 찾을 수 있다는 믿음을 갖게 되었습니다.

이후 그는 인물 전기, 과학책, 공상소설 등으로 독서 범위를 넓혀가면서 다양한 독서 활동을 즐겼습니다. 어른이 된 지금도 빌 게이츠는 주중에는 하루에 적어도 1시간을 책 읽는 시간으로 할애해놓고, 주말이면 책 읽는 시간을 늘리는 방식으로 꾸준한 독서 습관을 유지하고 있습니다. 또한 '생각 주간(Think Week)'을 만들어 후드 커낼이라는 산장에 들어가 책과 보고서를 읽습니다. 여기에서 마이크로소프트사의 중요한 정책이 결정되곤 했습니다. 또한 워싱턴 호숫가에 있는 저택의 개인 도서관에 1만4천여 권 이상의 장서를 보관하고 있습니다.

빌 게이츠의 이런 독서 습관은 그 자녀들에게 고스란히 전달되었습니다. 그는 '컴퓨터 황제'이면서도 아이들에게는 책 읽는 습관을 강조합니다. "아이들에게 당연히 컴퓨터를 사줄 것이다. 하지만 그보다 먼저 책을 사줄 것"이라고 말합니다. 이는 평일에 텔레비전 시청을 금지하면서까지 독서 습관을 들여 주었던 부모의 교훈을 고스란히 따르고 있는 셈입니다. 인터넷이 정보의 유통을 편리하게는 했지만 아직은 인터넷이 글쓰기와 독서보다 정보를 더 효율적으로 생산하고 소비할 수는 없다는 것이 빌 게이츠의 생각입니다.

■ 빌 게이츠의 부자 교육 지침 : 왕성한 호기심과 독서

- 호기심은 최고의 동기부여다.

- 호기심을 지식으로 완성시키는 힘은 독서에서 온다.

- 하루에 30분도 좋다. 꾸준히 읽혀라.

- 아이에게 책 사주는 돈을 아까워하지 말라.

- 아이가 질문을 던지면 성실하게 답하라.

워렌 버핏: 강한 독립심을 길러라

워렌 버핏은 2006년 6월 440억 달러(약 41조원)에 달하는 재산의 85%를 기부하겠다고 발표했습니다. 이 발표가 나가자 세상이 들썩였는데 무엇보다도 자녀들이 섭섭하지 않았을까 궁금해하는 사람이 많았습니다. 대부분 아버지가 전 재산을 기부한다고 발표하면 "아, 저게 내 돈이 될 텐데"라며 서운해 하는 경우가 많기 때문입니다. 하지만 기부 발표 직후 ABC 방송에 출연한 세 남매는 너무도 태연했습니다. 이 세 사람은 아버지의 결정을 전적으로 지지했고 첫째 딸 수전은 "그 많은 재산을 우리에게 물려준다면 그것이야말로 정신 나간 행동일 것"이라고 답했다고 합니다. 워렌 버핏의 철저한 자녀 경제교육에 대한 유명한 일화가 하나 더 있습니다. 어느 날 딸 중에 하나가 돈을 빌려 달라고 하자 버핏은 이렇게 말했다고 합니다.

"얘야, 돈은 은행에서 빌리는 거지 부모한테 빌리는 게 아니다. 축구팀을 봐라. 아버지가 유명한 센터 포드였다고 아들이 그 자리를 물려받지는 않잖니?"

워렌 버핏이 이처럼 자녀들을 자립심 강하게 키우게 된 것은 다름 아닌 그 아버지의 영향, 나아가 집안의 전통과도 가까웠습니다. 워렌 버핏의 아버지는 미국 오마하의 주식중개인으로 한때 부족하지 않은 삶을 살았습니다. 하지만 대공황으로 주식시장이 폭락했을 때 일자리를 잃고 가난에 시달리게 되었지요. 그때조차 워렌 버핏의 아버지는 식료품점을 하는 할아버지에게 조금도 손을 내밀지 않았다고 합니다. 또한 아들 워렌 버핏에게도 어릴 적부터 용돈을 스스로 벌어서 쓰도록 했습니다.

오마하에 있는 워렌 버핏의 할아버지 가게 자리에는 현재 은행이 들어서 있는데, 그 은행 로비에는 진귀한 물건이 하나 보관되어 있습니다. 바로 워렌 버핏의 할아버지가 쓰던 금고입니다. 그 금고에는 이런 설명서가 붙어 있다고 합니다.

"여섯 살의 워렌 버핏은 이곳에서 6병들이 콜라 상자를 25센트에 사다가 한 병에 5센트에 팔았다. 그리고 상자 당 5센트의 이윤을 남겼다."

이 외에도 워렌 버핏은 신문 배달에서도 두각을 보여 이미 10대 중반에 일반 직장인들이 받을 만한 돈을 스스로 벌었고 31세에 주식투자로 백만장자가 되었습니다.

워렌 버핏의 부자 교육 지침 : 자립심이 아이를 크게 키운다

- 문제가 닥쳤을 때 가능한 한 스스로 문제해결을 하도록 독려하라.
- 부모부터 독립적이고 강한 모습을 보여라.
- 돈보다 먼저 아이의 꿈과 재능을 소중히 여겨라.
- 아이가 되고 싶어 하는 직업이 있다면 폭넓게 지원하라.
- 스스로 이루는 즐거움이 무엇인지 알게 하라.

록펠러: 소금처럼 짜게 살아라

19세기 미국의 석유 재벌 존 록펠러(1839~1937년) 가문은 용돈 교육이 짜기로 유명합니다. 그는 역대 최고의 부자로서 1935년 재산 가치는 15억 달러, 현재 가치로는 3000억 달러가 넘는 자산을 가지고 있음에도 자녀의 용돈 관리에 굉장히 엄격했던 것으로 알려져 있습니다. 젊은 시절 록펠러는 어린 아들 록펠러 2세와 딸들에게 용돈 기입장을 쓰도록 했습니다.

그리고 이런 가풍은 록펠러 2세에게도 고스란히 전해졌습니다. 록펠러 2세는 일주일 단위로 용돈을 주면서 사용처를 정확하게 장부에 적도록 했습니다. 그리고 매주 토요일마다 용돈 교육 시간을 가졌습니다. 10대 무렵의 여섯 자녀가 용돈기입장을 들고 한자리에 모이면 아이들이 허튼 데 돈을 쓰지 않았는지, 가이드라인(3분의 1은 저축, 3분의 1은 기부, 3분의 1은 개인적 용도)은 잘 따랐는지 등을 꼼꼼히 체크한 뒤 가이드라인에 맞춰 용돈을 사용하고 장부를 잘 기입한 아이에게는 상금을 주고, 그렇지 않은 자녀에게는 벌금을 매겼다고 합니다. 또한 아이들에게 용돈은 늘 넘치지 않을 정도로 주었으며, 일곱 살 전후부터 일주일에 30센트부터 용돈을 주기 시작해 성실하게 용돈을 관리했는가를 따져 액수를 늘려갔습니다. 당시 록펠러 2세 자녀의 친구들은 한 주에 1달러 정도의 용돈을 받았다고 하니 얼마나 짜디짠 용돈이었는지 알 수 있습니다.

록펠러 2세는 "돈 때문에 우리 아이들의 인생이 망가질까봐 걱정했다. 아이들이 돈의 가치를 알고 쓸데없는 곳에 돈을 낭비하지 않기를 원했다"고 말한 바 있습니다. 어릴 때부터 이 같은 철저한 용돈 교육을 바탕으로 록펠러 집안은 아직도 '미국 1호 가문'의 명성을 이어가고 있습니다.

록펠러의 부자 교육 지침 : 철저한 소비와 용돈 관리

- 아끼는 것은 부끄러운 것이 아닌 미덕임을 알게 하라.
- 아이들 앞에서 사치하지 말고 검소한 모습을 보여라.
- 용돈 기입장을 반드시 쓰게 하라.
- 돈은 때로는 무서운 것일 수 있음을 깨닫게 하라.
- 검소했던 할아버지와 할머니 이야기를 자주 하라.

샘 월턴 : 절약이 최고의 가치다

세계 최대 유통업체인 월마트는 창업자 샘 월턴의 절약 정신이 고스란히 녹아 있는 '항상 최저 가격을 약속합니다(Every day low price)'라는 모토를 사용하는 기업입니다. 그의 일가는 모두가 부자라서 경제잡지 포브스가 집계한 2007년 억만장자 순위에서 20위권에 아들, 며느리 등 5명의 이름이 올랐습니다. 또한 샘 월턴 자신은 85년

포브스가 선정한 억만장자 리스트에서 1위를 차지했지만 전혀 부자 티를 내지 않았습니다.

알려진 바에 의하면 그는 죽기 전까지 79년식 붉은색 픽업 트럭을 손수 몰고 다녔고 그 트럭은 현재 벤턴빌에 있는 월마트 방문 센터에 전시되어 있습니다. 그 트럭은 온통 긁히고 시트는 싸구려 천으로 되어 있어서, 세계 최대 유통기업 총수의 전용차라고 보기에는 지나치게 허름한 모습입니다. 그러나 샘 월턴은 '롤스로이스에는 개를 데리고 탈 수 없어서 나는 픽업트럭이 좋다'고 말했다고 합니다. 그는 머리도 동네 이발소에서 깎았습니다.

월마트 본사가 미국 아칸소주 벤턴빌, 작은 촌구석에 있는 이유도 간단합니다. "대도시는 사무실 비용이 비싸기 때문"입니다. 본사 건물은 창고를 개조해서 쓴다고 합니다. 월턴이 이렇게 철저한 절약정신을 배운 것은 30년대 허리띠를 졸라매지 않고서는 살 수 없었던 대공황 시기를 보낸 부모로부터였습니다.

그는 자서전에서 "나는 부모님의 돈에 대한 태도를 그대로 물려받았다. 두 분은 아예 돈을 쓰지 않았다"고 적은 바 있습니다. 그리고 자녀에게도 절약의 가치를 물려주려고 노력했는데 이를테면 자녀들이 가게에 나와 일을 하면 그에 대한 대가로 용돈을 줬고 그 액수는 항상 또래들보다 적었습니다.

부전자전이라고 할까요? 현재 월마트의 회장을 맡고 있는 샘 월턴의 장남 롭 월턴도 마찬가지입니다. 그가 92년 월마트 회장이 되면서 가장 먼저 한 일도 사무실 크기를 줄이는 것이었다고 합니다. 현재 그의 사무실은 가로 세로 3m로 10㎡에도 못 미친다고 합니다. 그는 어린 시절 아버지의 가르침을 지금까지 꾸준히 이어가고 있는 것입니다.

샘 웰턴의 부자 교육 지침 : 절약이 부의 시작

- 불필요한 곳에는 돈을 사용하지 않는 가풍을 만들어라.
- 소박하고 소탈한 부자의 장점을 말해주어라.
- 사달라고 하는 물건을 곧바로 사주지 말라.
- 하나를 사면 끝까지 쓰는 습관을 들이도록 하라.
- 자투리 돈을 모을 수 있는 저금통이나 통장을 만들어주어라.

폴 게티 - 노동의 소중함을 깨달아라

미국 로스앤젤레스에는 관광객들의 명소라고 알려진 게티 빌라와 미국 서부 최대의 미술관 게티 센터가 있습니다. 그것을 세운 사람이 바로 폴 게티(1892~1976년)로, 그는 유전 개발 사업으로 미국 최초의 억만장자가 된 사람입니다. 폴 게티는 1957년 미국 잡지 포춘(Fortune)이 미국의 400대 부자 순위를 처음 발표했을 때 1위에 오른 부자로 기록되고 있으며, 1960~1970년대 미국 최고의 갑부라고 하면 폴 게티를 가리킵니다.

게티는 자신의 자서전『내가 본 것들(As I See It)』에서 자신이 사업을 성공할 수 있었던 이유로 부모님의 가르침을 꼽았습니다. 폴 게티의 아버지는 변호사이자 유전 개발로 많은 돈을 번 사업가였지만, 아들이 돈은 스스로 일을 해서 버는 것이라는 관념을 가지기를 바랐기에 어릴 때부터 각종 심부름을 하면서 용돈을 벌게 했습니다. 폴 게티의 열두 살 때 일기를 보면 "우체국에 가서 편지 부치는 심부름을 하고 10센트를 받았다", "아버지의 책을 청소하고 35센트를 받았다"처럼 일해서 용돈을 벌어들인 내용이 빼곡하게 적혀 있었다고 합니다.

고등학교를 졸업하고 난 뒤에도 마찬가지였습니다. 성인이 된 게티는 아버지에게 "아버지 회사의 유전지대에 가서 일해보고 싶다"고 말하자 아버지는 "만약 네가 바닥에서부터 일하고 싶다면 나는 상관없다"고 했습니다. 그래서 게티는 유정 뚫는 일을 보조하는 육체노동을 시작했습니다. 그는 하루 12시간 꼬박 일하고 3달러를 받는데 사장 아들이라고 봐주는 것도 없었습니다. 다른 노동자들과 똑같이 돈을 받고 똑같은 숙소에서 생활했다고 합니다. 대학을 마친 후에는 아버지의 권유로 유전사업에 뛰어들었지만 노동의 중요성을 강조한 아버지의 가르침을 그대로 실천했습니다.

그는 아침 일찍 일어나서 하루에 16~18시간씩 일했는데 나중에 "어떻게 하면 부자가 되나"라는 질문을 받을 때마다 "아침에 일찍 일어나서 종일 열심히 일하라"는 당연한 진리를 단호하게 공표하곤 했습니다. 나중에 그는 아들들에게도 이런 노동의 중요성을 고스란히 전달했습니다. 아들들이 크자 가장 먼저 회사 주유소에서 일하게 하는 등 육체노동을 시킨 후에 사무실 일을 보는 과정을 거치도록 했습니다.

● 폴 게티의 부자 교육 지침 : 노동의 가치 깨닫기

- 아이가 집안일을 도와줄 때 칭찬하고 그에 상응하는 대가를 주어라.

- 부자가 되는 건 노력의 결과임을 강조하라.

- 용돈을 엄격히 관리하라.

- 아침 일찍 일어나는 것을 가르쳐라.

- 작은 텃밭 가꾸기 등 가족이 함께 몸을 움직일 수 있는 일을 시도해보라.

2장

자녀를 강하고 현명한
투자자로 키워라

01

투자는
인내와 배움의 과정이다

한때 워렌 버핏에 대한 시선과 평가가 후하지 않은 적이 있었습니다. 많은 이들이 워렌 버핏이 주식으로 부자가 된 것은 가진 주식이 엄청나게 뛰었기 때문이라고만 생각했습니다. 그래봤자 결국 주식 투기로 돈을 번 것이니 그리 대단할 것이 없다고 여겼던 것입니다.

과연 그럴까요? 사실 우리 주변만 둘러봐도 많은 이들이 주식으로 큰돈을 법니다. 특히 주식시장 경기가 좋을 때는 너도 나도 주식으로 돈을 벌었다고 자랑합니다. 하지만 이들 중에 몇 십 년간 좋은 성과를 거둔 사람은 몇이나 될까요? 대부분은 그렇게 번 돈을 얼마 안 가 주식으로 모두 잃어버리고, 심지어는 이른바 '깡통 계좌'를 차기도 합니다.

오래 성공한 사람이 진짜 성공한 사람

워렌 버핏이 주식으로 세계 최고의 부자가 될 수 있었던 것은 40년 이상 계속해서 주식을 투자했음에도 실패보다는 성공이 훨씬 많았기 때문입니다. 아무리 최고 부자라 해도 긴 세월 동안 큰 실수를 해서 한순간에 알거지가 되지 말라는 법은 없을 텐데, 버핏은 귀신도 모른 다는 주식시장에서 세계 최고의 부자로 우뚝 섰기에 많은 주식 투자 자들의 존경의 대상이자 연구의 대상입니다. 많은 이들이 어떻게 하 면 워렌 버핏처럼 주식으로 돈을 벌 수 있을지를 연구하지요.

혹시 워렌 버핏은 척 하면 주가가 보이는 투시 안경이라도 가지고 있는 것일까요? 아니면 태어날 때부터 주식왕의 유전자를 가지고 있 었던 걸까요?

안타까운 것은 많은 이들이 워렌 버핏의 성과와 재산을 부러워하 면서도 그 이면에 놓인 그의 꾸준한 노력과 열정, 시간에 대한 투자를 먼저 보려는 사람은 드물다는 점입니다. 워렌 버핏은 어릴 때부터 증 권 세일즈맨이었던 아버지를 따라 자주 증권 회사를 드나들며 자랐 습니다. 그러다 보니 벽에 붙어 있는 커다란 시세판을 보면서 주식 가격이 오르고 내리는 것을 보고 자랄 수밖에 없었습니다.

11살 때부터 아버지의 지도로 주식을 시작했고 그 투자자금을 모으기 위해 직접 신문배달을 했습니다. 어릴 때부터 아버지의 특수한 직업 덕에 주식 부자로 자라날 수 있는 싹을 조금 더 쉽게 틔울 수 있었던 셈입니다.

워렌 버핏에게 인내와 집념이 없었다면

그가 살아온 투자 인생은 그가 얼마나 인내와 집념의 사람이었는지를 고스란히 보여줍니다. 워렌 버핏은 어려운 가정환경에서 신문을 팔면서도 그것을 불행이라고 여기지 않았습니다. 오히려 그것을 기반 삼아 더 많은 종자돈을 모으기 위해 최선을 다했습니다. 이후 워렌 버핏은 스승인 벤자민 그레이엄으로부터 주식을 배워 가치투자를 제창하면서 본격적인 투자가의 길을 걷기 시작합니다. 그 와중에 그는 엄청난 실패들을 경험하고 큰 손해와 좌절에 맞닥뜨리기도 했습니다.

그러나 워렌 버핏은 숱한 실패의 경험을 통해 가치투자는 '인내와 노력'이 핵심임을 철저히 깨닫게 됩니다. 가치투자는 장기투자를 골자로 하는 투자인데, 가치투자론자들은 "투자란 철저한 분석을 바탕으로 원금의 안전과 적절한 수익을 보장하는 행위이며, 그렇지 않을 시엔 모두 투기다"라고 정의할 정도입니다.

가치투자 과정을 살펴보면 먼저 투자할 만한 기업을 찾는 데 주력합니다. 철저한 분석을 통해 종목을 고르는 데 많은 노력을 기울입니다. 그런 뒤 정확하게 투자종목을 골랐으면 부화뇌동하거나 불안해하지 않고 그 기업의 주가가 충분히 오를 때까지 인내하고 기다립니다. 지금 투자인생 40년이 지난 워렌 버핏은 어떤 모습입니까? '돈은 잃어도 경험만은 잃지 않는다' 는 앙드레 코스톨라니의 말을 가장 잘 실천함으로써 이 시대 최고의 투자자로 우뚝 선 것입니다.

진정한 성공담을 들을 줄 아는 귀

우리는 승자의 이야기를 좋아합니다. 그러다 보니 투자의 성공담도 널리 퍼지고 신화화됩니다. 반대로 실패담은 감춰질 뿐이지요. 그래서인지 주변에는 온통 주식투자에 성공한 사람으로 넘칩니다.

하지만 그 물밑을 들여다보면 성공한 사람보다 실패한 사람이 훨씬 더 많은 게 현실입니다. 주식투자는 실패에 대한 면역력, 참고 기다리는 인내력이 없이는 결코 도전할 수 없는 영역입니다. 실패 가능성을 고려하지 않고 자신의 단편적인 지식에 의존해 성급하게 투자를 결정하여 큰 금액을 몰아넣는 사람들은 결국 그 결과가 좋지 않을 수밖에 없습니다.

오래 기다리고 멀리 내다봤던 워렌 버핏처럼 투자는 자기 자신의 경력과 지식의 성장 속도에 따라 천천히, 조금씩, 오래오래 투자해야 합니다. 오래 생존한다는 것 그 자체가 투자자에게는 큰 무기입니다. 오래 살아남을수록 더 많은 기회를 만나게 되고 성공의 확률도 높아집니다.

단번에 성과를 내기보다는 평생 동안 부자로 성장할 수 있게 만드는 경제 교육, 그것이 현명한 투자자 아이를 키워냅니다. 꾸준하게 투자를 진행하는 성실함, 올바른 투자 철학 그리고 강한 인내심이 세계 최고 부자 워렌 버핏의 성공 비결입니다. 이점을 일찍 깨달은 아이라면 자신의 삶과 경제활동에서도 기다리고 인내하며 오래 살아남는 성공적인 부자의 길을 걸어갈 수 있을 것입니다.

2장 자녀를 강하고 현명한 투자자로 키워라

02

투자는 가장 훌륭한
실패 공부다

　"당신의 아이가 성공하기를 바랍니까, 실패하기를 바랍니까?" 라고
물었을 때 "실패하기를 바랍니다" 라고 말하는 부모는 없습니다. 부
모로서는 내 자식이 항상 1등을 하고 항상 성공하기를 바라는 것이
인지상정이기 때문입니다. 하지만 과도한 지원을 통해 성공 경험만
을 안겨주며 유년기, 청소년기를 보내게 하는 것이 진정 올바른 교육
인지 깊이 생각해볼 문제입니다.

　얼마 전 신문을 보다가 놀라운 기사 하나를 보게 되었습니다. 초등

학교와 중학교 때 항상 1등만 하던 아이가 고등학교에 들어가서 성적이 조금 떨어지자 그만 스스로 목숨을 끊어버리고 만 것입니다. 처음에는 '쯧쯧, 이렇게 나약해서야'라고 생각했지만 역시 자식을 둔 부모로서 이런 저런 생각을 하지 않을 수 없었습니다. 그 아이는 어째서 다시 열심히 공부해 제자리를 찾을 생각을 하지 않고 귀한 목숨을 버렸을까? 과연 그 아이의 부모는 아이에게 1등에 대해 어떤 관념을 심어준 것일까?

실패를 경험하지 못한 아이들은 굴곡이 많은 긴긴 삶의 여정에서 면역력이 떨어질 수밖에 없다는 진리를 다시 한 번 곱씹어보게 되었습니다.

아이의 실패를 당연하게 여겨라

가장 먼저 실패에 관대하지 못한 우리 사회의 태도를 이야기해봐야겠습니다. 한 예로 금융권에서는 실패한 사업가에게는 절대로 돈을 빌려주지 않습니다. 한 번의 실수로 전과자가 되면 다시는 재기할 수 없는 구렁텅이로 빠져듭니다.

아직 우리 사회는 실수와 실패가 성공으로 가기 위한 관문이고 실패와 실수에서 배우는 경험이야말로 귀중한 자산이라는 진리가 용납되기 어려운 분위기가 만연해 있습니다.

이것이 어른들만의 풍토라면 그리 큰 문제가 아닐 수도 있습니다.

그러나 어른들의 거울인 아이들 세상에서도 실패를 비난하고 1등 경험만을 추종하는 분위기가 지나치게 강합니다. 이것은 아이들과 조금만 마음을 터놓고 이야기해보면 금방 알 수 있는데, 최근 불거지는 청소년 자살 문제와도 깊이 연관되어 있습니다.

사람은 누구도 완벽하지 않습니다. 아이들은 더욱 그렇습니다. 때로는 성적이 떨어질 수도, 원하던 바를 이루지 못할 수도 있습니다. 그럴 때 그것을 다독여주는 부모가 없는 가정은 얼마나 삭막할까 하는 생각이 들었습니다.

실패는 가장 큰 자산이 될 수 있다

경제교육은 어떨까요? 아이가 부자로 행복하게 잘 살기를 바라는 마음에서 시작한 경제교육은 단순히 득과 실만을 따져서는 안 됩니다. 때로는 아이가 자기 계산보다 돈을 낭비할 수도 있고 원하는 저축을 완결시키지 못할 수도 있습니다. 그런 실패의 과정에서 아이들이 조금이나마 현명한 경제관념을 깨우치도록 도와주는 것이 진정한 경제교육일 것입니다.

저는 자연스럽게 실패에 대해 배우고 이를 교훈으로 삼을 수 있는 경제교육 중에 하나가 어린이 투자라고 생각합니다. 모든 분야에서 실패의 위험이 없는 곳은 없겠지만 가장 높은 곳이 바로 기업 세계, 그리고 투자 세계가 아닐까 싶습니다.

주목할 부분은 선진국의 기업과 투자 세계는 후진국의 기업과 투자 세계와는 달리 실패를 대하는 태도가 확연히 다르다는 점입니다. 한 예로 세계적인 기업들은 오히려 실패의 경험을 중시하면서 실패 경험을 사업 참여의 필수 조건으로 내세우기까지 하는데, 대표적으로 마이크로소프트의 빌 게이츠 회장이 그렇습니다.

마이크로소프트사에서는 실패자를 특채하는 것으로 유명합니다. "나는 실패한 기업에 몸담은 경력이 있는 간부들을 의도적으로 채용하고 있습니다. 실패할 때는 창조성이 자극돼 밤낮없이 생각에 생각을 거듭하게 됩니다. 나는 그런 경험이 있는 사람을 주위에 두고 싶습니다. 마이크로소프트도 언젠가는 반드시 실패를 겪을 것입니다. 난국을 타개할 능력이 있는 사람들은 어려운 상황일수록 빛을 발합니다. 조직의 속성상 실패한 자를 영웅으로 만들 수는 없지만, 그렇다고 범죄자로 만들어서도 안 됩니다."

그런가 하면 분야는 다르지만 미국 항공우주국 나사(NASA)는 아예 실패 경력을 우주 비행사 선발의 중요한 요건으로 삼고 있습니다. 1962년 아폴로 11호를 타고 달로 갈 우주 비행사를 뽑으면서 인생에서 심각한 위기를 겪지 않거나 실패를 슬기롭게 극복한 경험이 없는 사람은 후보자에서 아예 제외한 것입니다. 이는 우주선을 타고 달로 가는 과정에서 여러 문제들이 발생할 가능성이 있는데 실패 한 번 해보지 않은 사람이 그 어려운 난관을 잘 대처하기 힘들 것이라고 판단했기 때문입니다.

물론 나사는 결코 실패한 사람을 뽑으려 한 것은 아니고 실패를 겪었음에도 좌절하지 않고 다시 도전해본 사람을 뽑기를 원했던 것입니다. 순탄한 삶을 살아온 사람보다는 어려움을 겪었지만 이것을 잘 극복한 사람, 한 마디로 위기 극복 경험이 많은 사람을 선호한 셈입니다.

실패를 대하는 태도를 가르쳐라

우리는 실패를 싫어하고 때로는 두려워하기까지 합니다. 하지만 우리가 겪는 경험이라는 것은 실패와 실수를 어떻게 극복했는가와 연관된 소중한 자산입니다. 성공이란 많은 실패와 실수 위에서 싹트는 것입니다. 실패가 없는 성공은 우연일 뿐 진실로 그 사람의 능력으로 인해 이루어진 성공이라 할 수 없는 것입니다. 마찬가지로 투자의 세계도 실패를 통해 성공을 배우는 가장 치열한 도장입니다.

최근 많이 열리고 있는 어린이 투자 캠프를 가보면 재미있는 현상들을 볼 수 있습니다. 게임 형식으로 투자를 하고 그 과정을 며칠간 이어가면서 아이들은 자신이 투자한 것이 성공할 때는 기뻐하고 실패할 때는 아쉬운 한숨을 내쉽니다. 그런데 이 광경을 지켜보다 보면 한 가지 사실을 깨닫게 됩니다.

이런 경제캠프에서 아이들이 더 크게 배울 수 있는 건 성공이 아닌 실패라는 점입니다. 아이가 좋은 성적을 거두었을 때 칭찬하는 것 이상으로 실패했을 때 그것을 다독이고 격려하는 것이 필요합니다. 또한 실패를 단순히 한순간의 실패로 잊어버리는 차원을 넘어 경험과 교훈으로 삼고 다시는 같은 실수를 하지 않을 수 있는 방법을 스스로 체득하게 해야 합니다.

투자를 하는 사람들에게는 하나의 불문율이 있습니다. 대부분 사람들이 실패를 겪게 된다는 것입니다. 유럽의 위대한 순종 투자자였던 앙드레 코스톨라니 같은 이도 수많은 실패를 겪었고 제시 리버모어나 워렌 버핏도 많은 실패를 겪었습니다.

그러나 그들이 결국에 성공할 수 있었던 것은 실패를 대하는 태도가 남다르고 그 안에서 새로운 교훈을 얻었기 때문입니다. 경력과 지식이 부족하면 당연히 투자에서도 실패를 겪을 수밖에 없습니다.

이럴 때 그 실패와 좌절에만 몰두하는 이들은 결코 재기할 수 없습니다. 사람들은 누구나 자신만은 이 투자에서 성공할 것이라는 기대와 믿음을 가지게 마련인데, 그 확신만큼 실패했을 때 더 크게 실망하고 괴로워합니다. 그러나 인생에서 장기적이고 지속적인 투자를 계획하고 있는 투자자라면 실패의 고통을 연단과 성숙의 계기로 삼는 것이 종국에 성공적 투자로 이끌기 위한 중요한 요건입니다.

실패를 이겨내는 방법을 가르쳐라

아무리 큰 실패를 했다 한들 그 안에서 무언가 값진 교훈을 배웠다면 그것은 실패한 투자가 아닙니다. 문제는 같은 실수를 반복하거나 배운 것을 실천하지 못하는 것입니다. 한 예로 분에 넘치는 투자를 하면 위험하다든가, 남의 말에 흔들리면 자칫 잘못된 선택을 할 수 있다는 점, 이 모두를 우리는 투자의 실패를 통해 배우게 됩니다. 그런데 이 중요한 원칙들은 가장 기본적 이론인 동시에 몸소 겪지 않으면 제대로 소화하기 힘든 것들입니다.

인간은 누구나 역경을 딛고 크게 성장해갑니다. 흔히 우리가 백전노장이라 부르는 이들은 어려움도 즐거움도 겪어볼 만큼 겪어본 이들을 의미합니다. 링 위에 올라간 복서 중에 가장 무서운 복서는 한 방으로 상대방을 쓰러뜨리는 무쇠 주먹 복서가 아니라 아무리 때려도 쓰러지지 않는 복서입니다.

실로 주식투자의 오랜 역사들을 살펴보면 시장을 주도했던 투자자들의 무서운 분투기를 발견하게 됩니다. 이들이 그 험한 세월을 뚫고 어떻게 살아남았는지를 살펴보다 보면 경외심이 들지 않을 수 없습니다. 또한 이들을 깊이 들여다보면 한 가지 공통점을 발견하게 됩니다. 대부분 그것을 이겨내고 실패를 넘어 다시 도전했다는 점입니다. 실제로 전설적인 가치투자자들은 대부분 투자를 즐기는 사람들이었습니다.

주식투자는 성공을 넘어 실패의 위험도 함께 배우는 도장입니다. 실패가 두려워 실행하지 못한다면 아무런 발전도 없습니다. 성공하는 방법도 물론 중요하지만 실패했을 때 그것을 발판 삼아 다시 일어서는 방법이 더욱 중요합니다.

03

투자는 가장 훌륭한
경영 공부다

"내 아이는 남들이야 뭐라 하건 꼭 나만의 교육 방식으로 키우
겠어!"

아이들을 낳기 전에 이런 생각을 한 번이라도 안 해본 부모가 있을
까 싶습니다. 물론 아이를 낳고 나서도 최대한 이런 원칙을 고수하고
자 노력하는 부모들도 적지 않습니다. 하지만 사회 속에서 부대끼며
살아가는 현실은 결코 녹록지 않습니다. 현실을 한번 살펴볼까요?

최근 가장 큰 문제로 대두되는 것 중에 하나가 바로 사교육비입니

다. 어릴 때부터 경쟁하듯 이 학원 저 학원 다니다 보니 교육비는 천 정부지로 치솟고 아이들은 학원을 다니지 않으면 친구들과 어울리기조차 어렵습니다. 뿐만이 아닙니다. 온갖 화려한 것들로 넘치는 광고의 홍수 속에서 절제 없는 소비문화에 젖어 있다 보니 아이들도 가지고 싶은 물건도 많고 부모 세대와 달리 돈에 대해서도 민감합니다.

이런 아이들에게 하나부터 열까지 모두 가르치기에는 사실 부모도 힘에 부칩니다. 세상이 복잡하니 어떻게 아이들에게 올바른 가치관과 경제관념을 심어줄지 고민이 되지 않을 수 없습니다. 그럼에도 부모는 자식들에게 바른 길을 열어주는 최초의 길잡이가 되어야하기에 아이가 살아갈 미래의 모습을 먼저 깊이 살펴보아야 하는 것입니다.

경쟁이 치열한 세상이 열리고 있다

얼마 전 뉴스를 보니 우리나라의 자영업자 수가 500만 명을 돌파했다고 합니다. 현재 우리 사회는 숨 가쁘게 변하는 패러다임 속에 있습니다. 변화 자체가 패러다임인 것입니다. 대량 생산의 시대를 열었던 산업사회가 IT의 발달이라는 기폭제를 통해 지식과 정보가 중시되고 삶에 결정적 영향력을 끼치는 지식기반 하의 정보화 사회로 급변하고 있습니다.

이런 사회에서는 제품 생산보다 아이디어와 지식이 중요해지고 놀라운 기술의 발전으로 많은 사람을 고용할 필요가 없어집니다. 즉 고용 없는 성장의 시대가 열리고 평생직장의 개념이 무너질 수밖에 없습니다.

그 여파는 저 먼 나라에서가 아니라 지금 우리 주변에서도 어김없이 나타나고 있습니다. 정년 보장 개념이 무너지면서 무섭게 쏟아져 나오는 베이비붐 세대의 조기 은퇴자들, 2~3년마다 직장을 떠돌아다니며 고용불안에 시달리는 비정규직들, 오로지 자신의 능력만으로 생존해가는 프리랜서의 증가 등 이 모든 것이 산업사회에서 지식기반사회로 패러다임이 이동하면서 나타나고 있는 과거와는 전혀 다른 현상들입니다.

이렇게 고용시장으로 쏟아져 나온 이들이 선택할 수 있는 것은 자영업이 대부분이니 자영업자 500만 명 돌파라는 소식은 그다지 놀랄 만한 일이 아닐 수도 있겠습니다. 그런데 우리가 주목해야 할 것은 따로 있습니다. 우리 아이들이 살아가야 할 미래는 과연 어떤 모습일까 하는 것입니다.

현재 우리가 살고 있는 세상은 산업 양극화가 심해지면서 설사 경기가 회복된다 해도 실업률이 쉽게 호전되기 어려운 상황에 놓여 있습니다. 또한 글로벌 금융위기 이후 구미 주요 선진국들의 재정악화와 수요부진 등으로 세계경제는 어려움이 지속될 가능성이 커 보입니다. 그러니 자영업자 500만 명이 내일은 가게 문을 열 수 있을지조차 불확실합니다. 자영업자들 중 95%가 채 1년이 안 되어 가게를 폐업하거나 전업하는 것이 지금의 현실인 것입니다.

2장 자녀를 강하고 현명한 투자자로 키워라

이런 상황에서 아이들에게 단순히 공부 열심히 해서 좋은 대학 들어가 좋은 직장을 가지라는 말이 무슨 의미가 있을지 깊이 고민하지 않을 수 없습니다. 과연 부모로서 해줄 수 있는 선물은 어떤 것일지 심각하게 생각해봐야 하는 것입니다.

다양한 경험이 큰 아이를 만든다

"품 안의 자식", "물가에 내놓은 아이" 부모가 자식을 바라볼 때 쓰는 말입니다. 그 만큼 자식의 일이라면 걱정부터 앞서는 게 부모 마음인 것입니다. 하지만 아이들은 직접 보고 느끼고 부대끼는 몸의 경험을 통해야 건강하게 자라 큰 나무로 성장합니다.

단순히 대학에 들어가서 좋은 직장을 얻는 것만이 최고라고 생각했던 시대에서 벗어나 새로운 패러다임을 이끌어갈 주체적 인재로 키워내는 교육은, 바로 이런 '경험의 교육', 아이 스스로 자신의 인생에 주인이 되는 주인의식 교육이 절실합니다. 투자는 이러한 직접경험과 주인의식의 함양에 매우 큰 도움이 되는 실질적 경제교육이라고 할 수 있습니다.

저는 주식투자를 일종의 대리경영이라고 생각합니다. 주주는 기업이야 어떻게 되건 말건 돈만 벌면 된다는 사람이 아니라 그 회사의 주인이라는 생각입니다. 내가 주인이지만 나보다 경영을 잘하는 사람에게 회사의 운영을 맡긴다는 것이지요. 주인에게는 책임과 권리가 있고, 이 모두를 잘 수행해야 진정한 주인이라고 할 수 있습니다. 저는 주인으로서 주주총회에서 기업경영과 관련된 의견을 적극적으로 피력합니다. 또 회사에 도움이 될 수 있는 방법이 생각나면 주저하지 않고 제안을 합니다. 그러면 기업경영에서 저보다 더 전문가인 사람들이 받아들일지 말지를 결정합니다. 제안을 하는 것이 저의 의무이자 권한인 것처럼 그것을 선택하는 것은 현장에서 활동을 하고 있는 회사의 사람들입니다.

그런데 저처럼 주인의식을 갖고 주식투자를 하는 사람이 많지는 않은 것 같습니다. 우리나라는 주인의식 있는 주식투자 문화가 제대로 정착되어 있지 않습니다.

저는 삼천리자전거의 주식을 보유하고 있습니다. 1년 전쯤에 주주총회에서 한 가지 제안을 했습니다. 당시 삼천리자전거는 여러모로 중요한 변화의 시기에 있었습니다. 점점 경쟁이 치열해지는 자전거 시장에서 새로운 판로를 개척하고 브랜드 인지도를 높여야 한다는 숙제가 앞에 놓인 것입니다.

이러한 문제를 해결하는 방안의 하나로 보상판매와 자전거여행 상품 개발을 제안했습니다. 우리나라에 자전거 회사는 많습니다. 또 중국에서 수입되는 저가의 제품도 많이 있습니다. 이런 상황에서 살아남으려면 명품 자전거라는 브랜드 이미지를 구축해야 합니다. 제가 제안한 보상판매는 삼천리자전거의 제품뿐 아니라 타사 제품에도 적용되어야 한다는 내용이었습니다. 한번 판매한 제품을 끝까지 책임지고 더 좋은 제품으로 돌려주는 것으로 명품 이미지를 가질 수 있고 타사 제품도 받아줌으로써 브랜드 이미지를 더 좋게 할 수 있다고 생각했습니다. 그렇게 되면 가격을 좀 높이더라도 소비자들이 인정해줄 것입니다.

아쉽게도 보상판매는 받아들여지지 않았습니다. 제안은 좋으나 헌 자전거를 분해, 처리할 공장이 있어야 하기 때문에 아직은 어렵다는 것입니다. 하지만 여건이 허락되는 대로 실시할 것이라는 답을 얻었습니다. 그리고 자전거여행 상품은 이미 판매를 시작했습니다.

대리 경영의 체험이 삶의 경영력을 키운다

인간은 미래를 정확히 판단할 수 없을 때 일종의 공포를 느끼게 됩니다. 제시 리버모어 또한 주식투자를 하는 투자자들의 심리를 분석하면서 미래에 대한 공포야말로 주식시장을 움직이는 힘이라고 정의한 바 있지요.

이것이 비단 주식시장에만 해당되는 일일까요? 우리에게 다가올 미래는 어떨까요? 짧아진 직장 수명과 자영업의 한계는 필연적으로 우리 아이들에게도 닥쳐올 미래입니다. 이런 상황에서 자신의 주관과 원칙에 따라 삶과 경제를 경영하는 능력은 이 사회에서 성공하기 위한 필수적인 자산이 될 수밖에 없습니다.

우리는 결코 자녀의 미래를 대신 살아줄 수 없습니다. 하지만 자녀에게 어릴 때부터 보다 나은 삶을 꾸려갈 수 있는 경영능력을 키워주는 것은 가능합니다. 주식투자는 넓은 안목으로 기업 환경과 시장의 흐름을 바라보고 적극적으로 기업의 성장에 동참함으로써 동반자적인 부의 성장 경험을 할 수 있는 좋은 기회입니다. 그저 주가가 올라서 돈을 버는 것 이상의 경험이자, 부자가 되고 이익을 얻기 위해서는 어떤 균형감각을 가지고 세상을 바라보아야 하는지를 익힐 수 있는 훌륭한 도장입니다.

주식을 통해 세상과 자신의 삶을 잘 경영할 수 있는 경험을 많이 쌓은 아이는 보다 일찍 세상을 깨닫고 자기 자신의 미래에 대한 청사진을 잘 그려나갈 수 있을 것입니다.

04

현명한 어린이 투자자를
만나보자

    1997년 〈월가 천재소년의 100가지 투자 법칙〉이라는 책이 출간되면서 많은 투자자들의 관심을 끈 적이 있습니다. 맷 세토는 1987년 9살의 나이에 주식투자에 관심을 가지고 공부하기 시작했고, 1992년 14살이 되던 해에 할아버지에게서 700달러를 빌려 주식투자를 시작한 뒤 연평균 34%라는 놀라운 수익률을 올리면서 백만장자가 된 소년 투자자입니다.

    많은 성인 투자자들은 이렇게 생각했을 것입니다.

"아니, 대체 어른들도 어려워하는 투자를 고작 아홉 살짜리가 어떻게 시작할 수 있지? 어떻게 열네 살에 그렇게 높은 수익률을 얻을 수 있었을까?"

실제로 맷 세토는 9세부터 14세까지 충분한 공부를 마치고 할아버지에게서 빌린 돈으로 사이버텍이라는 기업의 주식을 샀는데, 3개월 뒤 이 회사의 주가가 114%나 상승했습니다. 그런데 놀라운 것은 그의 성공이 여기서 끝나지 않았다는 점입니다. 맷 세토는 1993년에는 가족의 돈을 모아 투자를 했고 그 해에 38%의 수익을, 다음해에는 33%, 그 다음해에는 34%의 수익을 올렸습니다. 이는 맷 세토의 성공이 우연이 아닌 실력과 노력의 결과라는 것을 명확히 보여주고 있었지요. 맷 세토는 〈월스트리트저널〉 1면에 인터뷰 기사가 실리면서 단번에 유명인사가 되었고, 이후 수많은 투자가들로부터 초청을 받은 것은 물론 100만 달러의 거금을 관리해 달라는 요청까지 받았습니다.

그렇다면 이 천재 소년은 과연 어떤 마음가짐으로 투자에 임했을까요? 함께 살펴보도록 하겠습니다.

기본을 아는 아이는 현명하다

맷 세토는 〈월가 천재소년의 100가지 투자 법칙〉이라는 책을 쓰면서 저술 의도를 이렇게 밝혔습니다.

"기본적인 원칙만 잘 따른다면, 어린 아이도 얼마든지 주식시장에서 성공할 수 있습니다."

이 말에는 많은 의미가 숨어 있습니다. 우선 이 소년은 월가의 대표적인 인물인 워렌 버핏이 사용했던 가치투자를 따라가고 있었습니다. 잘 알다시피 가치투자는 투기와는 거리가 먼 투자 방식입니다. 가치투자는 달리 말하면 시간에 투자하는 방식입니다. 좋은 기업을 골라 기업의 성장에 따른 가치의 상승을 보는 것입니다.

맷 세토는 이 책에서 어린아이도 생각할 수 있는 투자원칙으로 세 가지를 꼽았습니다.

첫째는 주가수익비율(PER), 장부가치(BPS), 장기적인 성장률, 전반적인 시장평가 등에 대한 충분한 공부, 둘째는 자신만의 투자 계획서, 셋째는 최고의 이윤을 추구하는 마음가짐 등을 들었습니다. 누구나 알고 있는 것이지만 막상 투자에 나서면 조급함과 욕심 때문에 실행하기는 어려운 기본 중에 기본을 언급한 것입니다.

맷 세토의 설명은 결코 어렵지 않습니다. 이 소년은 주식을 고르는 방법에 대한 질문에 "주식을 고르는 것은 멋진 옷을 고르는 것과 같다"고 말합니다. 옷 가격을 검토하되 그 옷을 사면 제값을 할 것인지를 따져봐야 한다는 것입니다. 또한 "사랑스런 주식을 찾되 사랑에 눈이 멀지 말라"는 조언도 합니다. 논리적인 사고방식을 가지면 좋은 가격에 좋은 드레스를 고를 수 있지만 드레스에 빠져버리면 비싼 가격에 형편없는 드레스를 살 수도 있다는 뜻입니다. 이는 주식투자란 무엇인지를 고스란히 설명해줍니다.

즉 좋은 주식을 사려면 반드시 주가수익비율(PER), 부채비율, 현금 흐름, 신용잔고 등 다양한 지표를 사례 중심으로 분석해야 합니다. 또한 오래 사랑할 수 있는 주식을 사려면 그 기업의 부채와 재고 수준, 장부가치, 주가수익비율과 같은 지표를 파악해 다른 기업의 것과 비교하는 과정도 반드시 필요합니다.

맷 세토는 투자에서 가장 큰 미덕을 인내와 이성적 판단이라고 말합니다. 그가 말한 주식시장 바다 이론은 이 소년의 투자자로서의 혜안을 잘 보여줍니다.

"내게 전체 주식시장은 일종의 바다와 같은 것이다. 아주 크고 깊으면서 궁극적으로는 알 수 없는 바다…. 따라서 무엇 때문에 시간을 낭비하려 하는가? 아무리 해도 그 큰 바다의 흐름을 예측할 수 없는데 말이다. 그보다는 차라리 튼튼한 원양어선을 한 척 마련하는 것이 더 낫다. 그런 다음에는 다가올 파도에 대해 걱정하지 않는 것이다. 바꾸어 말하면 탄탄한 주식을 사도록 하라. 이렇게 하면 여러분은 작은 돛단배가 아닌, 대형 항공모함을 타고 태평양을 건널 수 있다. 그렇다고 내 말을 오해하지는 말라.

전체 주식시장이 개별 주식에 영향을 주는 것은 틀림없는 사실이다. 마치 바다의 파도가 항공모함에 영향을 주듯이 말이다. 하지만 솔직히 말해, 주식시장의 영향은 너무 과대평가 되어있다. 특히 장기적인 투자가들에게는 더욱더 그러하다. 주식시장의 한 가지 잘못된 관점은, 시장 흐름이 주식투자의 성공을 결정한다는 생각이다. 바다를 성공적으로 건너가기 위해서는, 파도 자체보다도 선박의 종류가 훨씬 더 중요하다. 물론 경우에 따라서는, 작은 돛단배로 무사히 태평양을 건너는 행운을 누릴 수도 있다. 그러나 나는 항공모함을 사는 데 내 돈을 투자하고 싶다. 타고 가는 배가 크고 튼튼하면, 어떤 파도가 오더라도 상관없다. 항공모함을 타고 가는데 그까짓 파도가 문제될 것인가. 따라서 바다의 행동을 예측하기보다는, 올바른 배를 고르는 데 더 신경을 써라. 그것이 더 쉽고도 안전한 길이니까."

- 맷 세토, 〈월가 천재소년의 100가지 투자 법칙〉 중에서

사실 그처럼 오래 참고 때를 기다리며 조심스럽게 투자의 항로를 여는 일은 어른이라도 쉽게 실천하기 힘든 일입니다. 그럼에도 맷 세토는 앞서 강조한 세 가지 원칙, 꾸준한 공부와 자신만의 투자원칙, 이윤추구의 목표를 통해 자신을 절제하고 감정에 휩쓸리는 것을 자제할 줄 알았습니다. 이 부분에서는 '어른보다 나은 아이' 라는 칭찬이 절로 나올 정도지요. 그렇다면 맷 세토는 어떤 과정을 통해 소년 투자자로서의 명성을 쌓았는지 좀 더 자세한 내용을 보겠습니다.

대폭락에서 황금을 건진 맷 세토

1929년 미국의 대공황 당시 뉴욕 월가는 대혼란에 휩싸여 있었습니다. 수많은 투자자들이 몰려들어 무분별한 주식 투기에 참여한 이후 증시가 대폭락하기 시작했습니다. 이 때문에 수많은 사람들이 파

산의 나락으로 내몰렸습니다.

이는 주식을 복권처럼 요행으로 바라보는 시각을 가지고 너도나도 투기에 덤벼든 결과였습니다. 주식의 가격이란 그 주식을 발행한 기업이 얼마나 큰 가치를 가지고 있는가에 따라 결정되어야 함에도 그 기업의 가치를 평가하는 잣대는 투기 광풍에 밀려 빈약하기만 했습니다.

하지만 맷 세토는 달랐습니다. 투기열풍에 휩쓸리지 않고 기업의 가치와 주식 가격 사이의 관계를 찾아내기 위해 부단한 노력을 기울였습니다. 사실 정확한 기업가치 평가와 올바른 투자 판단을 위해서 기업의 재무제표를 파악하는 수학적 사고가 필요하고 투자자들과 기업 상황을 읽어내는 사회학과 심리학도 중요한 요소입니다. 맷 세토는 대중의 관심밖에 있던 이런 요인들을 분석하기 위해 많은 노력을 기울였습니다.

이처럼 맷 세토는 철저하게 연구하고 탐색함으로써 좋은 종목을 골랐고 그 결과 17세에 이미 억대부자의 반열에 든 월가의 천재소년이 되었습니다.

맷 세토의 이야기를 듣다보면 "저 정도는 나도 할 수 있겠다"고 말하는 사람들도 있습니다. 하지만 수많은 투자자들이 주식시장에서 실패하는 이유는 무엇이겠습니까? 바로 탐색의 시기를 견디는 인내와 일확천금의 유혹을 절제하는 방법을 배워본 적이 없기 때문입니다. 맷 세토는 어른들도 빠지기 쉬운 이 유혹들을 자기만의 철저한 원칙을 통해 극복해나갔고 인내와 절제를 통해 최연소 부자가 될 수 있었습니다.

그렇다면 우리 자녀들은 어떨까요? 지금 당장 맷 세토처럼 주식시장에 뛰어들 수는 없지만 맷 세토가 중요시 여겼던 투자의 원칙과 인내력을 배울 수 있는 기회가 분명히 있습니다. 다음 장을 살펴봅시다.

05

용돈 대신
어린이 펀드를 선물하라

    우리는 소비의 시대에 살고 있습니다. 아이들은 자라면서 돈의 귀중함은 알게 되지만 돈을 어떻게 가치 있게 써야 할지, 그 돈을 아껴서 더 큰 자산으로 불리는 방법은 무엇인지 미처 배우지 못하는 경우가 많습니다. 그런 면에서 용돈을 아껴 저금통에 넣는 기본적인 경제교육도 중요하지만, 절약만이 최고라고 가르치는 것은 어딘가 부족한 면이 있습니다. 단순히 저축을 경제 교육의 중심축으로 내세우기에는 경제 상황이 너무 다변화되고, 돈에 대한 개념과 돈 버는 방법도 바뀌고 있기 때문입니다.

따라서 이제는 부모가 더욱 적극적이고 능동적인 경제 교육을 아이에게 선물할 필요가 있는데, 그런 면에서 주식투자는 경제 흐름을 읽고 아이 스스로 경제를 이끌어가는 주체로서의 책임감을 느낄 수 있는 가장 적절한 경제 교육이 될 수 있습니다.

어린이 펀드란 무엇인가?

많은 부모들이 어린이날이 되면 아이들에게 선물을 주며 기쁨을 나눕니다. 예전에는 장난감이나 인형, 아이가 가지고 싶어 하는 게임기 등이 아이들이 받고 싶어 하는 선물 1위 목록에 오르곤 했습니다. 그런데 최근 또 한 가지 선물이 눈에 띕니다. 바로 어린이를 대상으로 한 어린이 펀드입니다.

어린이 펀드는 쉽게 말해 자녀의 장래를 위한 목돈 마련에 적합한 장기투자 상품이라고 할 수 있습니다. 우리는 은행 예금금리가 물가상승률에 뒤떨어지고 부모 수입이 줄어드는 시기는 점점 빨라지는 시대에 살고 있습니다. 아이의 교육자금, 결혼자금 등 필요한 목돈을 생각하면 미리 일정 금액을 투자해야 할 필요성이 더 커지고 있는 것입니다.

한 예로 대학교 등록금만 봐도 최근 사립대의 1년 등록금은 1,000만 원에 육박하고 있습니다. 또한 교재비와 생활비, 교통비 같은 각종 부대비용을 포함하면 한 아이가 대학을 졸업하는 데까지는 약 6,000만 원 정도가 들게 됩니다.

아이가 7살이라고 치고 한 번 더 계산해봅시다. 이 아이는 13년 뒤에 대학에 입학하게 됩니다. 그 동안 대학 등록금은 분명히 인상될 것이며 물가도 매해 평균 3.5%씩 상승하고 있습니다. 이렇게 계산해보면 13년 뒤에는 얼마의 돈이 필요할까요? 거의 1억 가까운 자금이 필요한 셈입니다.

물론 저축으로 이 금액을 마련할 수 있으면 좋겠지만 현실과 이상은 다릅니다. 예금 이자가 물가상승률을 따라가지 못하는 지금은 더더욱 그렇습니다. 그 대안으로 아이 명의로 된 주식형 펀드에 가입해 매달 40만 원씩 연 10%의 기대수익률로 13년간 운용하면 1억 이상의 돈을 마련할 수 있습니다.

또한 어린이펀드는 운용보수가 저렴하고 증여세 혜택이 있습니다. 증여세는 미성년자는 10년간 1,500만 원, 그 후에는 10년간 3,000만 원까지 가능합니다. 또한 운용과 판매보수 일부를 적립해 조성한 기금 등으로 국내외 기업이나 대학 방문, 영어마을 캠프, 온·오프라인 투자교육 프로그램, 어린이용 투자보고서 등 다양한 부가서비스를 제공한다는 점에서 당장의 이윤을 떠나 자녀에게 훌륭한 선물이 될 수 있습니다.

한 펀드평가사에 따르면 최근 어린이펀드의 수가 급증하고 있고 조만간 설정액이 3조 원을 넘어설 것이라고 합니다. 이처럼 펀드의 인기가 높은 이유는 대부분 국내외 주식에 운용 자금의 60% 이상을 투자하는 주식형 펀드로서 재작년 글로벌 금융위기의 영향을 피하진 못했지만, 성장 잠재력이 큰 우량주에 투자하는 특성 때문에 회복 속도가 빠르고 장기 수익률도 양호하기 때문이라고 합니다.

현명한 어린이 투자자로 키우는 첫 걸음

비단 어린이 펀드가 아니라도 아이에게 주식 교육을 시키는 장점은 여기서 끝나지 않습니다. 단순히 돈뿐만 아니라 펀드가 제공할 수 있는 지혜의 측면을 생각해볼 필요가 있습니다. 똑똑하고 경제 감각이 좋은 아이는 자연히 더 많은 돈을 벌게 마련인 만큼 아이의 경제 감각과 소양을 키우는 것이 중요한데, 펀드는 잘만 활용하면 아이에게 돈과 지혜를 함께 선물할 수 있는 기회입니다.

우리나라는 현재 어린이 금융교육에 대한 관심은 날로 증가하고 있지만 아직까지 체계적인 교육이 이뤄지지 않고 있습니다. 이런 상황에서 어린이 펀드를 가입하면 건전한 투자 습관을 기를 수 있습니다. 어릴 때부터 자연스럽게 좋은 투자 습관을 습득한 어린이들은 자신의 자산을 효율적으로 관리 활용함으로써 경제적으로 풍족한 삶을 누릴 수 있기 때문입니다. 그렇다면 펀드를 어떻게 활용하면 현명한 경제교육을 시킬 수 있는지 알아볼까요?

제 주변만 봐도 일단 아이 명의로 펀드를 가입했지만 어떻게 아이의 경제교육에 활용할지를 아는 부모는 많지 않습니다. 그것은 단순히 아이 몫으로 교육비를 마련한다는 점에만 주목했기 때문입니다.

펀드를 통해 경제교육을 하려면 우선 아이를 투자 과정에 동참시키는 것이 중요합니다. 물론 가입은 부모의 도움이 필요하지만 펀드 명의자를 아이 이름으로 해주는 것도 아이가 거기에 관심과 애착을 갖도록 하는 효과가 있습니다. 하지만 이것만으로는 부족합니다. 중요한 것은 부모가 대부분의 금액을 납입하더라도 아이가 자신의 용돈 일부를 떼어내 적립식으로 펀드에 불입하도록 하는 것도 좋은 방법입니다.

예를 들어 명절이 되면 많은 아이들이 세뱃돈을 받습니다. 그 금액이 조금이라면 대부분 부모들은 아이들이 그 돈을 사고 싶은 것을 사는 데 써버리도록 놓아둡니다. 반대로 금액이 크면 대부분 부모는 "엄마가 보관해줄게"라고 거짓말 아닌 거짓말을 하고 아이 돈을 가져가는 경우가 많습니다. 그럴 때 그 돈을 저축이나 펀드에 넣게 하는 것이 중요합니다. 그러면 아이 또한 그 펀드는 '자기 것'이라는 생각을 가지게 되고 관심을 보일 수밖에 없습니다.

자기 이름으로 된 통장에서 돈이 불어나는 것을 보니 기쁨이 생기고 복리효과가 무엇인지도 몸으로 체득할 수 있게 됩니다. 몸으로 체득하는 것이 무엇보다 중요합니다. 머리가 아니라 몸에 배인 경제관념은 평생 동안 중요한 버팀목이 됩니다. 이처럼 어린이 펀드의 가장 큰 장점은 어릴 때부터 금융상품에 가입함으로써 평생의 부를 좌우

할 수 있는 투자 습관을 몸에 익힐 수 있다는 점입니다.

그렇다면 어린이 펀드는 어떤 면에서 일반 펀드와 다를까요? 사실 어린이 펀드는 수익률이나 투자 위험은 똑같다고 볼 수 있습니다. 어린이 펀드도 주식이나 채권 등에 투자하는 금융 상품인 만큼 원금을 까먹을 수도 있다는 것입니다. 하지만 투자 운용의 기간과 목적과 서비스에서는 일반 펀드와 확연한 차이가 납니다.

많은 일반 펀드들이 단기적 성과를 노리고 운영하는 반면 어린이 펀드는 아이의 미래에 들어갈 돈을 준비하는 마음으로 수년 내지 수십 년 미래를 바라보며 운용되는 경우가 많습니다. 주식으로 치자면 철저한 가치투자에 가깝다는 뜻입니다. 또한 앞서 설명했듯이 상해보험 가입이나 경제교육 프로그램 참가, 영어마을 체험 등 부가적인 혜택을 제공하고, 나아가 어린이도 쉽게 읽고 알 수 있도록 어린이 눈높이에 맞춘 운용 보고서를 제공하므로 아이들도 자신이 아껴 모은 돈이 어디에 투자되고 어떻게 수익을 내는지를 알 수 있습니다. 이 과정에서 자연스럽게 투자의 원리를 이해할 수 있게 됩니다.

어린이 펀드를 고를 때 주의할 점

어린이 펀드 붐을 타고 각종 투자운용회사들이 다양한 어린이 펀드를 쏟아내고 있는데, 이런 상황에서 어떤 어린이 펀드를 골라야 하는지 고민되지 않을 수 없습니다. 사실 선진국에서는 꽤 오래전부터 정부가 어린이 펀드에 많은 혜택을 주었지만 국내 어린이 펀드는 아직 걸음마 단계입니다. 부가 서비스 등의 차이점은 있지만 그것을 제외하면 일반 펀드와 거의 똑같기 때문에 고를 때도 신중해야 합니다.

어린이 펀드는 기본적으로 아이의 미래에 투자하는 것인 만큼 장기 투자 상품에 적합합니다. 따라서 장기적인 성과가 우수하고 오랜 기간 걸쳐 운용 능력이 검증된 운용사의 상품을 선택하는 것이 가장 안전하다고 할 수 있습니다. 많은 전문가들이 어린이 펀드를 고를 때는 1년 이내의 단기적 성과보다는 3년 이상 꾸준히 높은 수익을 낸 운용사의 펀드를 선택하도록 권하고 있는 것도 이 때문입니다.

펀드 판매회사의 마케팅 등에 따라 달라질 수도 있겠지만 특별히 좋은 어린이 펀드가 있는 건 아닙니다. 꼭 필요한 경제교육 프로그램이나 보험 상품 등이 없다면 펀드 규모나 수익률을 따져보고 어린이 펀드를 고르는 게 바람직합니다.

한 가지 주의할 것은 어린이 펀드의 가장 큰 적은 바로 조급함이라는 사실을 알아두어야 합니다. 단기의 이익을 내는 거치식 펀드보다는 적립식 펀드가 주식시장의 변동에 크게 영향을 받지 않고, 갈수록 수익률이 높아지는 복리 효과도 누릴 수 있습니다. 따라서 적립식 투자의 장점을 극대화하기 위해 시장 상황에 흔들리지 말고 꾸준히 일정 금액을 납입하는 투자원칙을 고수해야만 만족할 만한 성과를 얻을 수 있습니다.

살다보면 급하게 돈이 필요한 경우가 생기기 마련입니다. 이럴 때

적금을 해약하거나 펀드를 해지하기 쉽습니다. 정말 어쩔 수 없는 경우도 있겠지만 가능하면 유지하는 것이 좋습니다. 아이는 자기 것을 잃어버렸다는 생각에 크게 실망하고 다시는 저축을 하지 않으려 들 수 있습니다. 따라서 투자하기 전에 '등록금', '결혼 비용' 같은 명확한 목표를 세워둠으로써 목돈이 필요할 때마다 해지하고 싶은 유혹을 미연에 방지하는 것이 좋습니다.

경제관념이 쑥쑥! 어린이 온라인 경제교육 사이트

한국은행 경제교실 www.bokeducation.or.kr

아이들을 대상으로 경제의 기본 원리부터 화폐의 역사 등을 가르치는 특강 교실이다. 청소년 경제강좌, 경제캠프 등의 다양한 프로그램이 마련되어 있다.

키자니아 서울 www.kidzania.co.kr

직업 놀이를 통해 노동, 소비, 저축을 체험할 수 있는 어린이 직업 체험 테마파크다. 일을 통해 노동과 돈의 가치를 실제 삶처럼 배울 수 있다.

놀토 어린이 금융투자교실 www.kcie.or.kr

전국투자자교육협의회에서 주최한다.

매월 둘째 · 넷째 주 토요일에 열리며, 부모와 아이가 함께 경제를 배우는 것이 특징이다.

옥토어린이경제캠프http://woori.ivitt.com

우리투자증권과 함께하는 어린이를 위한 경제캠프.

여름 방학에만 열리며, 금융투자게임과 용돈보드게임 등 가벼운 게임으로 경제를 공부할 수 있다.

기획재정부 어린이 · 청소년 경제교실http://kids.mosf.go.kr

경제와 경제활동에 대한 올바른 관점을 심어주기 위해 만들어졌다.

홈페이지에는 정부의 역할과 살림, 국민소득과 경제성장 등 경제와 관련해 배워야 할 필수 핵심 개념이 담겨 있다.

사례 위주로 접근해 현실 경제에 대해 보다 쉽게 이해할 수 있도록 했다.

하이 경제http://hi.korcham.net

대한상공회의소가 개설한 경제교실. 특히 외국어로 배우는 경제교실 코너에서는 외국의 경제 자료를 번역해서 볼 수 있다.

경제전문가가 학교로 직접 방문해서 교육을 시키는 'CEO와 경제공부를' 프로그램도 운영 중이다.

재미있는 금융 길라잡이 금융교실http://edu.fss.or.kr

금융감독원에서 운영하는 온라인 사이트. 플래시 애니메이션과 동영상 강의를 통해 어려운 금융과 금융 이슈를 학습할 수 있다. e-book을 통해 금융경제 자료도 구할 수 있다.

주니어 어치브먼트 코리아|www.jakorea.org

주니어 어치브먼트가 만든 경제교육 사이트.

주니어 어치브먼트는 1919년 미국에서 설립돼 현재 100여 개국에서 청소년 경제교육을 무료로 실시하는 비영리 단체다.

하나시티|www.hanacity.com

하나은행이 운영하는 어린이 경제 사이트. 경제학습부터 직업교육까지 다양한 내용을 제공한다. 내실 있는 콘텐츠와 함께 매일 학습 후 출석 도장을 찍으면 '오디'를 제공하고 그것을 기부 등 다양하게 활용할 수 있게 했다.

청소년금융교육협의회|www.fq.or.kr

어린이와 청소년에게 경제교육의 이해를 높이기 위해 경제 체험교육, 독후감 공모 등의 행사를 열고 있다. 동영상 경제교실이 알찬 것도 강점. 엄마와 함께 하는 주말 어린이 금융교실도 운영 중이다.

2010.05.04, 〈아시아경제〉

3장

주식 농부의 자녀경제교육 특강

주식에서 배우는
똑똑한 경제 공부

01

주식투자,
어떻게 해야 하나?

저는 대학교 3학년 때 한국증권분석사(KSA) 시험에 합격했습니다. 그 덕에 4학년이 되면서 곧바로 증권과 인연을 맺어서 현대투자연구소에서 근무를 했습니다. 현대투자연구소는 주식투자 전문 연구기관으로 우리나라 최초의 유료 주간 및 월간 주식정보를 발간했던 곳입니다. 저는 그곳에서 투자분석실장을 맡아서 투자보고서를 만들고 전국으로 주식투자설명회를 다니곤 했습니다. 그리고 개인투자자가 된 지금도 저는 1년에 평균 몇 십 군데의 기업체나 대학, 일반투자가를 대상으로 하는 투자설명회 등에 강연을 다닙니다. 그곳에서 많은 투자자들을 만나고 많은 질문과 답을 주고받곤 합니다. 그런데 이렇게 오랜 시간 강연장을 다녀온 지금도 매번 한 가지 사실을 깨닫게 되곤 합니다. 많은 사람들이 주식의 개념에 대해 오해를 하고 있다는 것입니다. 지금껏 저는 많은 투자자 분들께 "주식이란 무엇입니까? 그리고 주식시장과 주식투자란 무엇입니까?" 물어왔습니다. 하지만 이 질문에 선뜻 대답할 수 있는 분들은 아직도 드뭅니다. 남에게 잘 설명하지 못한다는 것은 그것을 제대로 알지 못한다는 뜻인데, 자신이 하고자 하는 주식투자에 대해 제대로 알려 하지 않는 건 단지 주식을 공부하고 알아가야 할 대상이 아닌 짧은 기간에 많은 돈을 벌기 위한 '투기의 수단' 정도로만 인식하기 때문입니다. '돈만 벌면 되지 머리 아프게 무슨 공부냐' 라고 생각하는 분들 중에 주식투자에서 돈을 버는 사람은 거의 없습니다. 아이들은 어른들을 보고 닮는 법이니, 이런 모습은 우리 어린이나 청소년들도 크게 다르지 않을 것입니다.

건물을 예로 들어봅시다. 애초에 설계도가 잘못되면 그 건물은 온전히 지어질 수 없습니다. 잘못된 지도를 가지고 길을 떠나면 반드시 길을 잃게 됩니다. 주식투자에서도 마찬가지입니다. 주식을 '일확천금을 버는 도구' 라고 생각한다면 그 투자는 애초부터 방향이 어긋날 수밖에 없습니다. 올바른 주식투자는 이런 사행심에서 벗어나 주식과 주식시장, 주식투자에 대한 확고한 이해를 바탕으로 시작된다는 점을 반드시 기억해야 합니다.

주식과 주식시장에 대한 자신만의 시각을 가져라

주식과 주식시장에 대한 기본 지식을 알아보기 전에 한 가지 명심해야 할 것이 있습니다. 도처에 위험이 도사리고 있는 주식투자에서 성공한 투자자들은 주식과 주식시장을 세상에서 가르쳐준 대로만 바라보지 않았다는 점입니다.

이들은 자신만의 확고한 철학으로 주식시장에 대한 정의를 내리고 그 원칙을 바탕으로 적절한 대처 방식을 마련하는 데 능숙합니다. 앞서 성공한 소년 투자자 맷 세토가 주식시장을 '바다'라고 생각하고 주식투자를 '좋은 배'를 구축하는 일로 바라본 것도 좋은 예입니다.

한편 저는 기본적으로 주식투자를 농사라고 생각합니다. 이 책 말미에서 좀 더 자세히 설명하겠지만 주식투자에도 사계(四季)가 있고 그에 따른 씨 뿌리는 시기와 성장의 시기, 수확의 시기가 있습니다. 그렇다면 제게 주식은 과연 무엇이겠습니까? 바로 씨앗, 즉 종자입니다. 그러면 주식시장은 무엇이겠습니까? 바로 이런 종자들이 자라는 농장입니다. 그렇다면 주식투자는 무엇이겠습니까? 결국 수많은 씨앗들 중에 좋은 씨앗을 골라 뿌리고 정성껏 가꾸는 농사가 되는 셈입니다.

지금부터 좋은 씨앗(주식)을 농장(주식시장)에서 잘 고르고 그것으로 훌륭한 농사(주식투자)를 짓기 위한 기본적인 지식을 알아보도록 하겠습니다.

주식이란 무엇인가?

최근 주식이라는 단어는 우리에게 너무 익숙한 것이 되었습니다. 많은 사람들이 주식투자를 통해 수익을 올리거나 손해를 보기도 합니다. 통계에 의하면 대한민국 국민 10명 중 3명이 주식투자를 한다고 하니 이제 그만큼 주식투자가 우리 국민경제에 보편화되었다고 할 수 있습니다. 그렇다면 주식이란 과연 무엇일까요?

주식(stock)은 주식회사가 회사를 운영할 자금을 조달하기 위해 발행하는 일종의 증서라고 할 수 있습니다. 주식회사를 설립할 때, 주식회사가 사업 확장을 하거나 신규 사업으로 인해 자본이 필요할 때 발행해서 이를 사람들에게 파는 것입니다. 아마 여러분도 주변에서 주식회사라는 말을 많이 들어보았을 것입니다. 주식회사가 그냥 회사와 다른 점은 주식을 발행해 회사 자본의 일부를 구성할 수 있다는 점인데, 주식회사는 회사 자본(금)이 주식을 통해 여러 사람들에게 골고루 분할되어 있습니다.

예를 들어 A기업의 자본금이 1억 원이고, 1주의 액면가가 5,000원이라면 A기업의 주식 수는 20,000주(100,000,000원/5,000원)가 됩니다. 누군가 A기업의 주식을 사면 그 돈이 A기업의 자금으로 쓰이면서 그는 A기업의 주주가 됩니다. 즉 주식은 회사 입장에서는 자본을 구성하는 수단이 되고, 주주 입장에서는 주식을 통해 회사에 돈을 지불함으로써 그 회사에 대한 권리를 행사하는 증서가 되는 셈입니다.

주식시장이란 무엇인가?

시장이라고 하면 시끌벅적한 장터를 떠올리게 됩니다. 아마 많은 분들이 동대문이나 남대문 시장 같은 곳에서 물건을 사본 경험이 있을 것입니다. 이런 시장에 들어서면 모두들 목소리 높여 손님을 부르고 자기 물건을 자랑합니다. 그러면 손님들은 그 물건들 중에 가장 좋고 싼 물건을 골라 구입하기 위해 이곳도 두리번거리고, 저곳도 기웃거려 봅니다.

이렇게 여러 물건들을 비교해보고 기웃거려 보는 이유는 간단합니다. 이왕이면 싸고 좋은 물건을 고르기 위해서이지요. 실제로 시장의 물건들은 대형마트와 다르게 '정가'가 없습니다. 예를 들어 배추를 봅시다. 날씨가 좋지 않아 배추의 생산이 줄어들면 배추 값이 오릅니다. 생선도 마찬가지입니다. 풍랑 때문에 어선의 발이 묶이면 생산량이 줄어들어 생선 값이 올라갑니다. 또는 농사나 조업이 아주 잘 돼서 풍작일 경우에는 오히려 값이 폭락하기도 합니다. 또 어떤 가게는 똑같은 물건인데도 좋은 유통 경로를 가지고 있어서 남들보다 싼 가격에 물건을 팔기도 합니다. 다시 말해 시장은 그 계절, 그 달, 그날의 시세, 예상치 못한 다양한 외부 상황 등에 따라 가격이 변동되게 됩니다. 주식시장도 이들과 크게 다르지 않습니다.

주식시장이란 1차적인 의미로 보자면 '주식을 거래하는 장소, 주식을 팔고자 하는 이들과 주식을 사고자 하는 이들을 연결해주는 장소'

를 의미합니다. 최근에는 이런 주식 시장이 인터넷 안에서도 자리를 잡았지만 본래 주식이 거래되는 곳은 기본적으로 '증권선물거래소' 입니다. 이곳에서 주식을 팔려는 이들은 자신의 주식을 내 놓으며 사길 원하는 이들은 주식을 사게 됩니다. 이곳에는 수많은 주식들이 자신의 가치를 드러내며 자신을 사줄 주주를 기다리고 있으므로 주식을 사고자 한다면 시장에서 장보는 것보다 훨씬 더 많은 노력으로 이중에 믿을 만한 주식이 무엇인지를 다방면에서 꼼꼼히 따져봐야 합니다.

재미있는 것은 이런 주식시장도 일반 시장과 비슷한 점이 많다는 사실입니다. 예를 들어 주식도 시장 물건들처럼 외부의 영향에 따라 가격이 변동됩니다. 이를테면 9.11 테러 당시 사람들의 심리가 불안해지면서 증시가 대폭락을 한 적이 있고, 반대로 호황의 시기에는 주식 값이 급상승을 하는 경우도 있습니다. 또한 각 기업들의 실적과 재료에 따라서도 주식 값이 항상 변동합니다.

그러나 주식시장이 일반 시장과 다른 점은 주식시장은 우리 생활 모든 곳에 존재한다는 점입니다. 우리가 사용하고 있는 물건, 좋아하는 브랜드, 관심 있는 분야 등 이 모두가 주식을 거래하는 데 중요한 정보자료가 됩니다. 따라서 남들이 좋다는 주식이나 큰돈이 된다는 루머가 무성한 주식보다는 내 주변의 관심사를 염두에 두고 시장을 둘러보는 것도 좋은 주식투자 방법이 될 수 있습니다.

주인의식이 중요하다

주식을 소유하고 있는 사람을 주주(stockholder)라고 부릅니다. 주주는 돈을 지불하고 주식을 산만큼 주권을 소유하게 됩니다. 즉, 그 회사에 대해 권리와 의무를 가지게 된다는 의미입니다. 여기서의 권리란 법률상으로 회사의 주주총회나 이사회가 결정한 각종 주주관련 사안에 참여할 수 있는 권리를 말합니다.

한 예로 회사가 잘되어 이익이 늘어나면 가지고 있는 주식 수만큼 같은 비율의 배당금이 돌아옵니다. 즉 회사가 잘되면 경영의 열매로 주식을 가진 사람도 돈을 벌게 되는 것입니다.

많은 이들이 잊고 있지만, 주주에게는 동전의 양면처럼 의무도 존재합니다. 진정한 주주란 마치 그 회사의 '사원'과 같이 자신이 투자한 회사가 잘되도록 돕고 공동 운명을 나누려는 자세를 가진 사람을 말합니다. 주식을 사고 나면 끝이 아니라 주인의식을 가지고 회사를 키우는 농부의 마음으로 회사를 바라봐야 하는 것입니다.

사실 한국 주식시장의 일반적인 주주들은 어떤 주식이 오른다고 하면 개미떼처럼 몰려들었다가 주식이 내리면 금방 갈아타 버립니다. 하지만 이런 식의 널뛰기는 위험도 클 뿐만 아니라 투자자와 기업이 동반자적인 관계로 발전해나갈 수 있는 자본 시장을 투기 판으로 만들어버리는 가장 큰 요인입니다.

좋은 투자라는 것은 다른 것이 아닙니다. 믿을 수 있는 기업을 신중하게 검토한 다음 선택해서 좋은 종자를 산 뒤, 그 회사를 더 큰 나무로 키워 더 큰 과실을 얻는 것입니다.

다시 말해 주식 투자란 주식을 사고파는 행위에서 멈추는 것이 아니라, 신중한 노력으로 좋은 주식을 고른 뒤, 그 주식이 더 큰 가치를 가질 수 있도록 주주로서 회사와 함께 노력하는 모든 과정을 의미한다고 할 수 있습니다.

세계 최고의 기업인이자 최고 부자인 빌 게이츠는 자신에게 경영에 대해 가장 많이 가르쳐준 사람이 워렌 버핏이라고 말합니다. 최고의 경영자가 주식투자자에게 배움의 기회를 얻을 수 있었다는 것은 과연 무엇을 뜻하는 것일까요? 바로 워렌 버핏이 단순한 투자자가 아닌 한 사람의 주식 경영자이기도 하다는 사실을 뜻합니다.

워렌 버핏은 항상 대주주와 소액주주들에게 공동 운명을 강조하는 것으로 유명합니다. 주식보유는 그 회사와 한 배를 타는 일이라는 것입니다. 그래서 그는 단 1주를 보유한 사람이라도 그가 자기 회사의 주주라면 공동운명체라고 생각했습니다. 기업 매출이 올라 기업의 재산이 10% 늘어나면 주주도 10% 재산이 늘고, 기업의 재산이 10% 감소하면 주주의 재산도 10% 감소해야 한다는 것입니다. 주식에서 일확천금만을 바라거나 항상 받기만을 바라는 이들에게는 낯선 생각이겠지만 이는 너무도 당연한 얘기입니다. 주식을 산다는 것은 그 기업과 함께 이윤을 추구하는 행위, 즉 동업입니다. 그런데 친구들끼리 동업을 하고 있을 때 한 친구가 다른 친구들보다 더 이익을 보고 있다면 어떨까요? 그 동업은 곧 깨지게 될 수밖에 없습니다. 현명한 주주들은 좋은 경영자와 좋은 회사를 알아보고 그들과 오래도록 함께하고자 하는 경향이 있는 것도 바로 이 동업자 의식, 공동운명체 의식 때문입니다.

02

투자와 투기는
어떻게 다를까?

투자와 투기는 어떻게 다를까요? 이 문제에 대답하기 전에 한 가지 질문에 답해 봅시다. 여러분은 '투자자'라고 불리기를 원합니까, 아니면 '투기꾼'이라고 불리기를 원합니까? 이 두 단어를 비교해보는 것만으로도 우리는 두 단어의 개념이 아주 다르다는 것을 느낄 수 있습니다. 우선 '투자와 투기'란 무엇인지 기본적인 정의를 먼저 보도록 하겠습니다.

- **투기** : 기회를 틈타 큰 이익을 보려고 함. 또는 그 일.
- **투자** : 이익을 얻기 위하여 어떤 일이나 사업에 자본을 대거나 시간이나 정성을 쏟음.

투자와 투기를 가르는 데에는 여러 기준 있는데, 사회와 경제 발전에 도움이 되면 투자, 그렇지 않은 것은 투기에 가깝습니다. 흔히 투자는 개인과 나라를 부강하게 만들고, 투기는 개인과 나라를 망치게한다고 합니다. 예를 들어 우리는 자기 자신에게 투자를 하고 싶지 투기를 하고 싶지 않을 것입니다. 한 사람의 인생이란 다시는 돌이킬수 없는 귀중한 것이기 때문입니다.

일확천금은 환상일 뿐이다

부동산이나 주식 모두 마찬가지입니다. 장기적으로 그것이 시간과 정성이라는 지렛대를 사용해서 얻을 수 있는 부인지, 아니면 일확천금인지에 따라 투자와 투기로 구분할 수 있고 그 결과도 확연히 다릅니다. 한때 돈을 불리겠다는 목적으로 무분별하게 부동산을 사들여 집값 상승과 여러 경제적 혼란을 불러온 부동산 투기가 횡행한 적이 있습니다. 그래서 대한민국은 '부동산 투기' 의 천국이라는 말도 있었지요. 하지만 이런 투기는 한때의 경기를 잘 타서 성공하는 경우도 있으나 결코 장기적인 이득을 얻을 수 없습니다. 더구나 사회에 기여

하는 바가 전혀 없습니다. 거품 경기가 꺼지자 부동산 투기로 실패한 이들이 무수히 등장한 것은 사필귀정인 것입니다. 즉 투기는 한 사람을 단기적인 일확천금에 눈이 멀게 만들어 패망에 이르게 할 뿐 아니라 국가 경제에도 큰 해악을 끼칩니다.

그런데 이 부동산보다 더 투기로 빠지기 쉬운 것이 바로 주식입니다. 예를 들어 주식투자에 '뇌동매매' 라는 것이 있습니다. 이는 '부화뇌동' 이라는 말에서 나온 것으로 충동구매와도 비슷한 뜻입니다. 뇌동매매의 덫에 걸려들면 '당장 그 주식이 오를 것이라더라, 누군가 이것을 권유 하더라' 하는 풍문과 욕심으로 투자를 결정하게 됩니다. 이런 뇌동매매는 십중팔구 실패로 돌아갈 수밖에 없으며, 설사 한 번 성공했다 하더라도 그렇게 벌어들인 돈은 금새 다시 잃게 됩니다.

저는 개인투자자로서 오랫동안 활동해왔습니다. 따라서 오로지 저의 판단만으로 주식시장의 움직임을 파악하고 투자를 결정해왔습니다. 그 경험 속에서 깨달은 가장 기본적인 주식투자 성공의 원칙 중에 하나가 바로 투자하는 회사에 대한 철저한 탐구와 신중함입니다. 제가 투자를 결정하기 전에 기업을 방문하는 것도 공개된 데이터 이외의 것을 알아보기 위함입니다. 현장에서 회사의 분위기를 보고 직원들과 하는 대화 속에서 그 기업의 진면목을 확인할 수 있습니다.

앞서 강조한 주인의식 또한 중요한 성공 원칙의 하나입니다. 이는 내가 투자할 회사는 그 일부가 내 것이라는 생각으로 투자 전에 믿음과 확신이 가는 기업을 찾는 일이 가장 중요하다는 뜻입니다.

주식시장은 수많은 변수를 통해 움직이고 그만큼 투자할 기회도 많으나 그럼에도 누구나 수익을 얻을 수 있는 곳이 아닙니다. 어려운 만큼 남다른 인내력과 절제력, 분석력과 정보력 등이 동원되어야 하는 것입니다.

귀를 닫고 눈을 열어라

사실 우리나라의 주식시장은 1990년대까지만 해도 아주 잘못된 형태로 진행되어왔습니다. 투자자 스스로 살펴보고 가늠하고 판단하는 것이 아니라 많은 이들이 이른바 '고급 정보'를 찾아다녔습니다. 주변 사람들이 주식으로 돈을 벌었다고 하면 무작정 그를 따라하는 방법도 유행했습니다. 실제로 증권회사 객장에 유망하다는 주식을 사러 줄을 선 사람들 중 다수가 그 회사가 무엇을 하는 회사이며 어떤 상품을 만들어내는지조차 모르는 경우도 많았습니다. 과연 이것을 올바른 투자라고 할 수 있을까요?

이들은 주식시장 본연의 의미라든지 주식투자의 기본에 대해 전혀 생각해본 적이 없을 것입니다. 주식시장의 본래 기능은 다음과 같습니다. 증시에 상장된 기업은 시장을 통해 자금을 조달하고 이를 투자함으로써 더 큰 성장의 발판을 마련하게 됩니다. 진정한 의미의 투자란 시장 참여자들이 좋은 기업을 골라 투자하고, 기업도 투자자들과 성과를 함께 나누는 것입니다. 증권시장의 이런 목표가 현재 제대로 운영되고 있는 것인지에 대해서는 의문을 품을 수밖에 없습니다.

　수년전 저는 오랜 기다림을 전제로 보령제약의 주식에 투자한 적이 있었습니다. 처음 이 회사의 주식을 살 때만 해도 그 가치가 월등하지는 않았습니다. 하지만 앞으로의 성장 가치를 가늠해보니 분명히 좋은 결과가 있으리라는 확신이 들었습니다. 그리고 6년 뒤 보령제약 주식은 예상 이상의 가격 상승을 기록했고 6년의 기다림 끝에 매각하면서 좋은 수익을 얻을 수 있었습니다. 만일 제가 그때 뇌동매매에 관심을 두었더라면 더 높은 단기 수익률이 기대되는 주식에 투자를 했을 것입니다. 그 결과는 어땠을까요? 물론 수익을 얻을 수도 있었겠지만 반대로 모든 것을 잃을 수도 있었을 것입니다.

아이에게 기다림을 가르쳐라

　한 마디로 정의하면 투자와 투기는 결국 부화뇌동하지 않는 것, 장기투자의 유무로 요약할 수 있습니다. 이것은 기본적으로 참고 살피는 절제력과 일시적인 위기가 닥쳤다고 포기하거나 흔들리지 않는 인내심을 의미합니다.

　아이에게도 투기가 아닌 투자를 가르칠 때 그 아이는 분명 인생에서 투기 아닌 투자의 중요성을 깨닫고 좋은 투자 습관을 가지게 될 것입니다. 한편 많은 분들이 주식은 '수학과 확률의 게임'이라고 말합니다. 만일 정말로 그렇다면 수학 잘하는 아이가 주식투자도 잘해야 합니다. 물론 수학적 사고가 투자에서 절대로 빠질 수 없는 중요한 요소지만 저는 오랜 주식투자 경험을 통해 수학 잘하는 아이보다 '신중하고 잘 참는 아이'가 더 훌륭한 투자자가 될 수 있다고 믿게 되었습니다.

지내다 보면 많은 지인들이 저에게 유망한 주식과 매매 시기를 물어오곤 합니다. 투자자 대부분 혼자 결단을 내리기가 그만큼 어렵기에 남들 이야기에 의지하는 경향이 있습니다. 그럴 때 저는 웬만해서는 제 의견을 쉽게 말하지 않습니다.

한 번은 지인이 주식 가격이 급등하는 어떤 주식을 사들여도 되냐고 물어온 적이 있습니다. 그때 든 의문은 과연 이분이 주식에 대해 어느 정도의 지식을 가지고 있는가 하는 것이었습니다. 급등하는 주식이라고 해서 곧 급락한다는 원칙은 없습니다. 그 반대의 경우도 마찬가지입니다. 시기에 따라 오르내림은 있지만, 큰 흐름을 보면 지속적으로 가격이 오르고 있는 주식들도 있습니다. 역시 그 반대의 경우도 있습니다.

중요한 것은 이유입니다. 예를 들어 일주일 동안 줄곧 상한가를 기록한 주식이 있다고 합시다. 이제 이 주식의 가격은 오를까요, 아니면 내릴까요? 별다른 이유 없이 올랐다면 떨어질 가능성이 큽니다. 작전 세력의 농간이 상한가의 이유라면 폭락 사태를 맞이할 것입니다. 그러나 새로운 기술을 개발했고 이제 곧 상품화된다면 더 오를 수도 있습니다.

주식은 시간에 투자하는 것인 만큼 기다림은 아주 중요한 미덕입니다. 그렇다고 사놓고 마냥 기다리기만 하는 것은 게으르거나 무책임한 투자 방식입니다. 기다림의 이유가 있어야 합니다. 기업은 잘 될 때도 있고 주춤거릴 때도 있습니다. 잘 되는 이유가 외부적인 요인에 의해서인지, 아니면 내부적으로 경영을 잘해서인지 알아야 합니다.

잘 안 될 때 역시 외부에 원인이 있는지 내부에 원인이 있는지 알아야 합니다. 잘 되는 이유가 경영을 잘해서라면 충분히 기다릴 수 있습니다. 잘 안 되는 원인이 외부에 있더라도, 기업 내부에 이를 이길 역량이 있다면 역시 기다릴 수 있습니다. 지금 한창 수익이 좋은 기업이라도 경영자가 흥청망청 한다면 기다릴 수 없습니다. 잘 기다리는 사람은 자신이 기다리는 이유를 알고 있습니다. 그 이유는 기업 내부에 있습니다. 그래서 기업과의 소통이 중요한 것입니다.

03

주식투자는 노력한 만큼
얻는 사업이다

세상이 복잡해지면서 '땀과 노력'의 가치가 점점 평가 절하되고 있습니다. 주식시장에서도 마찬가지입니다. 흔히 많은 사람들이 주식을 타이밍의 예술이라고 부릅니다. 언뜻 거대하고 변동 많은 주식시장과도 어울리는 말 같습니다. 하지만 여기에는 경계해야할 큰 위험이 도사리고 있습니다. 단순하게 타이밍만 잘 타면 얼마든지 수익을 거둘 수 있다는 일확천금 환상과도 연결이 되어 있기 때문입니다.

주식투자의 성공은 시장 상황과 투자 기업의 가치를 올바로 파악하기 위한 부단한 노력의 결과입니다. 주식투자에서 요술방망이에 의한 요행이 아닌 노력의 결과를 얻어내려면 주식의 위험성과 함께 주가를 예측하는 방법들을 배울 필요가 있습니다.

주식은 예금이나 복권이 아니다

많은 이들이 주식투자를 시작할 때 한 가지 중요한 사실을 간과하고 있습니다. 주식투자에는 항상 위험성이 존재한다는 것입니다. 몇 년 전 엄청난 펀드 열풍이 불었을 때 놀랍게도 많은 이들이 한 가지 결정적인 오해를 하고 있었습니다. 펀드도 예금처럼 일정한 금액을 부으면 손해 없이 약정 기간 이후 높은 이자와 함께 돌려받을 수 있으리라 생각한 것입니다.

그러나 펀드는 기본적으로 주식과 동일한 원리로 움직입니다. 다른 점이 있다면 여러 사람이 돈을 내고 그렇게 모인 돈을 기관이나 전문가가 운용한다는 것뿐입니다. 내가 직접 운용하지 않을 뿐 주식투자와 마찬가지로 손해를 볼 수 있다는 것입니다.

그러나 펀드 열풍 당시 이 사실을 정확히 알지 못한 채 펀드에 투자한 이들이 굉장히 많았고 글로벌 금융위기로 큰 손해를 보자 은행을 상대로 손해배상 소송을 내는 사태가 벌어졌습니다.

수조원대의 투자가 이루어지면서도 일반상식에도 못 미치는 두 가지 문제점을 드러내었습니다. 펀드를 은행에서 팔기 시작하면서 많은 은행 직원들이 펀드의 위험성을 제대로 경고하지 않았다는 것과 많은 펀드 가입자들이 금융사 직원이나 주변의 권유로 가입하면서 스스로 알아보려는 노력을 게을리 했다는 점이 그것입니다.

지금은 많은 분들이 잘 알고 계시겠지만 펀드나 주식은 원금을 손해 볼 위험성이 있습니다. 은행 예금처럼 계약기간 뒤에 원금과 이자를 돌려받는다는 보장도 없습니다. 주식에서 1년 마다 받는 금액은 배당금이라고 해서 예금 이자와는 다른 것입니다. 배당금은 투자한 기업에 이익이 발생했을 때 주주에게 돌아가는 돈으로써 주식을 살 때 예금 이자처럼 금리가 정해져 있는 것이 아닙니다.

그렇다면 왜 사람들은 은행 예금 대신 주식을 택할까요? 그것은 은행 이자보다 더 큰 금액을 배당금과 시세 차익으로 남길 가능성이 있기 때문입니다. 다음은 삼성증권의 2007년부터 2010년까지의 주가변동입니다. 한번 자세히 살펴보도록 합시다.

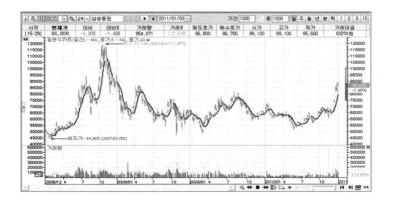

위의 표는 보편적인 주가의 흐름과 변동을 고스란히 보여줍니다.

어떤 시기에는 주가가 오르고, 또 어떤 때는 주가가 떨어지기도 합니다. 만일 주가가 떨어질 때 구입해서 높을 때 팔게 되면 이득을 보지만, 만일 높은 가격에 샀다가 주가가 떨어지면 오히려 손해를 보게 되는 것입니다.

그렇다면 이런 주가 변동이라는 위험성 속에서 좀 더 안전하게 주식투자 수익률을 높이는 방법은 없는 것일까요. 막연히 요술방망이처럼 주가가 오르기를 기대하기보다 주가 변동을 예측하는 노력이 필요한 이유가 바로 여기에 있습니다.

주가에 영향을 미치는 요인들

지금 세계의 경제는 너무나 밀접하게 연결되어 있기 때문에 한 나라의 경제만을 따로 떼어내어 설명할 수 없을 정도입니다.

특히 우리나라는 G20 국가 중 GDP 대비 수·출입 비중(수출 43.3%, 수입 38.8%)이 1위입니다. 그만큼 다른 나라의 영향을 크게 받는다는 것입니다. 따라서 몇 가지 요인들만으로는 주가의 움직임을 설명할 수 없습니다. 따라서 경제뿐 아니라 정치, 문화, 환경, 군사 등 모든 분야에서 세계의 흐름을 알아야 합니다. 미국, 중국, 일본, 유럽 등은 더 중요하겠지요.

주가는 위에서 말한 요소들이 복합적으로 작용하기 때문에 예측하기가 참 어렵습니다. 여기서는 우리가 기본적으로 알아야 할 몇 가지

요소들만 다루도록 하겠습니다. 모든 일이 그렇듯 항상 기본이 중요합니다. 기본을 알지 못하면 다른 것들은 알아도 아는 것이 아닙니다.

금리

첫 번째는 정부 정책과 금리입니다.

주식시장은 투자자가 많이 몰리면 상승하고 투자자가 발을 빼면 폭락하는 경향이 있지만 그 외에 정부의 정책과 금리 등이 민감한 주식시장을 건드리는 때도 있습니다.

예를 들어 경제가 어렵다고 합시다. 그럴 때 정부는 경제를 살리려고 돈을 풀고, 시장에 잘 돌 수 있도록 금리를 낮춥니다. 이자 부담이 적어야 많은 사람들이 돈을 빌려서 사업을 진행하거나 소비를 해서 경제를 활성화시키기 때문입니다.

예를 들어 금리가 10%일 때는 1억을 빌리면 1년에 1천만 원을 갚아야 하지만 금리가 5%로 떨어지면 같은 액수의 돈을 빌리더라도 이자가 절반밖에 되지 않습니다. 이자 부담이 준 만큼 더 많은 돈을 빌릴 수 있게 되는 것입니다.

이렇게 빌린 돈으로 사업가들은 새로운 공장을 짓고 생산시설을 확장하면서 규모의 경제를 늘릴 수 있습니다. 또한 돈이 필요했던 서민들도 좀 더 부담 없이 돈을 빌려서 필요한 곳에 사용하게 됩니다.

주식은 이렇게 금리가 낮을 때 가격이 상승할 가능성이 큽니다. 주식시장은 단순한 더하기 빼기 이상으로 사람들의 심리와 연관이 많습니다. 이렇게 정부가 저금리 정책을 적극 시행하면 국민들에게 향후 경기가 좋아질 것이라는 기대감이 커지게 되고, 주식은 현재보다는 미래에 더 민감한 성향이 있으므로 주가가 오르게 되는 것입니다.

그리고 전문투자자는 바로 이 시기에 주식을 사서 모으게 됩니다. 모두가 주식 가격이 폭락해 돈이 되지 않는다고 거들떠보지 않을 때 미래를 바라보며 좋은 주식을 골라 서랍을 든든히 채우는 것입니다.

물가

물가도 마찬가지로 주가 변동의 중요한 지표가 됩니다. 물가란 우리가 물건을 사는 가격을 의미합니다. 물가는 경기가 좋아지면 올라가고, 경기가 나빠지면 내려갑니다. 이는 경기가 좋아지면 사람들이 더 많은 물건을 구매하니 물건 값이 오르고, 반대로 경기가 나빠지면 소비를 줄이니 물가가 내려가는 것이지요.

하지만 물가가 너무 올라가면 경제가 어려워지고 국민들의 생활도 어려워지기 때문에 정부가 개입해서 금리를 올리게 됩니다. 한 예로 물가가 올라간다고 해서 우리들의 수입이 같은 비율로 올라가는 것은 아닙니다. 수입은 그대로인데 이렇게 물가가 올라가면 당연히 쓰는 돈이 감소할 수밖에 없습니다.

이 때문에 정부는 이를 방지하기 위해 물가가 지나치게 올라가면 물가 안정을 위해 금리를 올리는 정책을 쓰게 되는데, 금리를 올리면 사람들이 소비를 자제하고 투자를 줄여서 상대적으로 소비가 줄고 물건 값이 내려가기 때문입니다.

여기에서도 마찬가지로 앞의 이론이 적용되는데, 일반적으로 경기가 좋아 물가가 오를 때는 주식 가격도 함께 올라갑니다. 반대로 경기가 나빠 물가가 내려갈 때는 주식 가격도 내려가게 되지요.

환율

우리나라는 외국과 무역을 하면서 살아갑니다. 한국에서 생산된 물건을 외국에 내다팔기도 하고 외국에서 생산된 물건을 국내에 들여오기도 합니다. 이렇게 무역을 할 때 우리는 미국의 '달러'를 사용하게 되는데 이는 달러가 전 세계 공통 화폐이기 때문입니다. 그리고 외국에서 벌어온 달러가 많으면 많을수록 우리의 수출 수익이 늘어나는 것이니 경제에 도움이 될 수밖에 없습니다.

그러나 이렇게 들어온 달러의 규모 외에 또 하나 생각해봐야 할 것이 있습니다. 바로 환율이라는 것입니다.

환율이라는 것은 우리나라 돈인 '원'과 미국 돈인 '달러'의 교환비율을 의미합니다. 미국 돈 1달러를 살 때 우리 돈 얼마를 지불하는가의 문제이지요. 흔히 이런 환율은 1달러= 1,200원 식으로 표기되는데 이는 미국 1달러를 살 때 우리 돈 1,200원이 필요하다는 것을 의미합니다. 또한 여기서 '원'의 금액이 만일 1,500원으로 상승한다고 하면 환율이 올랐다고 말하고, 반대로 '원'의 금액이 1,000원으로 내릴 경우는 환율이 하락했다고 말합니다.

그렇다면 이런 환율이 주식시장에 어떤 영향을 미치는지도 알아야 합니다.

앞서 우리는 주식을 발행하는 것은 기업이라는 점을 배웠습니다. 그리고 우리나라의 기업들 중의 많은 수가 바로 이 무역을 통해서 수익을 얻습니다. 우선 수출을 하는 A기업의 입장을 생각해 봅시다.

만일 이 회사에서 환율이 1달러= 1,000원일 때 매달 100달러의 물건을 외국에 수출한다면 이 회사의 수익은 어떻게 될까요? 100× 1000 = 100,000원이 될 것입니다. 그런데 환율이 하락한다면 문제가 생깁니다. 만일 1달러= 800원이 되었다면 이 회사의 매출은 100× 800= 80,000원이 되고 결과적으로 수익이 줄어들게 됩니다.

그렇다면 반대로 수입을 하는 회사는 어떻게 될까요? 1달러가 1,000원일 때는 물건 값을 지불하기 위해 100,000원을 지불해야 하지만 환율이 800원으로 떨어지면 80,000원만 지불하면 되니 오히려 이득이 되는 것입니다. 즉 지출하는 비용이 줄어든 만큼 이 회사의 순이익은 늘어나게 되는 것입니다.

즉 환율이 내려갈 때 수출을 하는 기업은 수익이 감소해서 적자가 날 수 있지만 수입을 하는 회사는 이득을 냅니다. 반대로 환율이 올라갈 때는 수출하는 회사가 더 많은 이익을 보게 되겠지요. 주식도 마찬가지입니다. 수익을 많이 내는 회사는 주가가 상승할 수밖에 없고 따라서 주주도 더 많은 이익을 보게 됩니다. 따라서 환율의 하락과 상승에 따라 적절한 기업을 선택한다면 성공할 가능성도 더 높아지게 되는 것입니다.

유가 및 원자재 가격의 흐름

기업의 이익은 대체로 매출액과 지출 비용에 따라 움직입니다. 매출액이 많아지면 이익도 자연스럽게 늘어나고, 반대로 지출 비용이 높아지면 이익도 줄어들게 됩니다. 그렇다면 기업은 어디에 가장 많은 비용을 지출할까요? 회사마다 다르겠지만 제품을 팔아서 매출을 유지하는 회사의 경우 그 물건을 만드는 원자재가격의 영향을 받을 수밖에 없습니다.

예를 들어 출판사의 경우 종이로 책을 만듭니다. 그런데 얼마 전에 펄프 강국인 칠레에서 지진이 일어나면서 전 세계적으로 생산되는 펄프 양이 대량 감소한 적이 있었습니다. 그 영향은 우리나라에도 고스란히 미쳤습니다.

생산량이 줄어들고 찾는 사람은 많으니 자연스럽게 종이 값이 상승할 수밖에 없었던 것이지요. 이럴 때 출판사들은 종이를 평소보다 비싸게 주고 사야 하니 같은 값에 책을 팔 때 얻게 되는 이익도 줄어들 수밖에 없습니다.

그러나 이 모든 원자재 중에서도 주가에 가장 큰 영향을 미치는 것은 바로 유가입니다. 유가란 석유의 값을 의미하는데, 석유는 우리 생활에 광범위하게 사용되는 원자재로서 이 석유 값이 오르거나 내리면 경제의 많은 부분이 출렁이게 됩니다.

한 예로 석유는 우리가 이용하는 모든 이동수단에 사용됩니다. 자가용은 물론 버스와 배, 비행기 등등 수많은 이동수단들이 석유를 에너지로 사용합니다. 또한 물건을 만들어내는 공장을 봅시다.

요즘은 전기 동력이 많이 보급되기는 했지만 그럼에도 아직 많은 기계들이 석유로 움직입니다. 또한 석유는 우리 생활에 꼭 필요한 전기를 만들어내는 발전소에도 반드시 필요한 에너지원일뿐더러 개별 난방에도 꼭 필요합니다.

석유의 필요성은 여기서 그치지 않습니다. 우리가 생활 속에서 사용하는 플라스틱, 고무, 합성섬유 등도 바로 이 석유에서 추출한 원료들로 만들어집니다. 다시 말해 석유는 우리 생활에 큰 영향을 미치는 원자재로서 만일 가격이 폭등하게 될 시 많은 국가들이 위험에 빠질 수 있습니다.

전 세계적으로 석유 파동이 일어났을 때 우리나라를 비롯한 많은 나라들이 경제적으로 큰 타격을 입게 되었습니다. 물가가 천정부지로 치솟고 석유를 이용하는 많은 기계들이 운행을 멈추면서 물건 생산도 줄어들었던 것입니다.

이처럼 유가가 폭등해 경제가 불안해지면 주가에도 안 좋은 영향을 미칠 수밖에 없습니다. 실제로 뉴스를 보면 유가에 따라 주식의 흐름세가 오르내리는 것을 볼 수 있는데 이는 유가 폭등으로 인해 경제 활동에 무리수가 생길 때 경기가 침체되면서 기업의 경영이 어려워지고 서민들의 생활도 힘들어지기 때문입니다. 이럴 때는 자연스레 주가가 내려갈 수밖에 없습니다.

위에서 예로든 금리, 물가, 환율, 유가 등은 경제에 중요한 영향을 미치는 요소들임에 분명합니다. 당연히 이러한 요소들을 고려해야 합니다. 그러나 무엇보다 중요한 것은 기업 그 자체입니다. 시장 상황이 아무리 좋아도 기업이 경영을 잘못하면 해당 기업의 가치는 떨어집니다. 반대로 극심한 불황에서도 높은 수익을 올리는 기업이 있습니다. 여러 요소들은 고려하되 핵심은 기업 자체라는 사실을 잊어서는 안 됩니다.

위기를 역사의 과정으로 보라

앞서서 이야기했듯이 주식시장은 결코 가만히 정지해 있거나 한 가지 변수에 의해서만 오르내리는 것이 아닙니다. 그러기에 전체적인 그림을 그려야 하고 국제적인 상황과 국내 경기 등 수많은 변수에 관심을 가지고 깊이 분석하는 노력이 반드시 필요합니다.

한 예로 저는 9·11테러가 발생하면서 주가가 곤두박질쳤을 때 주변의 많은 만류에도 불구하고 주식을 많이 매입한 적이 있습니다. 저는 몇 가지 자신만의 관점으로 판단했습니다. 제게 투자는 '위험을 즐기는 일'입니다. 남들이 다 타는 배에는 자리가 쉽게 나지 않습니다. 남들이 다 가는 길에는 새로운 기회가 없습니다. 기회가 찾아올 때는 결단과 배팅력이라는 강력한 용기가 요구됩니다.

9·11테러가 발생하자 기업들은 위축되었고 주가는 곤두박질쳤습니다. 그러나 반대로 보면 이는 좋은 기업의 주식을 싸게 많이 살 수 있는 절호의 기회였습니다. 물론 예기치 않은 위험이 있을 수 있지만 이럴 때는 우량 기업 중심으로 주식을 매입하면 좋은 결과를 볼 수 있습니다. 그래서 저는 주가가 단기간에 급락한 주식들을 세밀하게 살핀 후 그 중에 우량주인 보령제약과 고려개발, KCC 건설의 주식을 매입했습니다. 그런 뒤 그것을 오래 보유할 생각으로 잠수를 타버렸습니다.

우량기업의 주식은 값이 비교적 비싸지만 건실한 기업의 주가 흐름은 한 가지 특징이 있습니다. 우량 기업은 위기가 지나면 반드시 주가가 급락세 이전 시세 이상으로 회복된다는 점입니다. 이것이 9·11테러라는 위기 속에서 이들의 주식을 선택하게 된 이유였고 결과적으로 여기서 큰 수익을 낼 수 있었습니다. 9·11테러라는 초유의 사태가 오히려 절호의 기회를 가져다준 셈입니다.

"어떻게 하면 주식투자를 잘할 수 있습니까?"라고 물을 때 "길게 보십시오."라고 답하는 것도 그런 이유에서입니다. 길게 보려면 어떻게 해야 할까요. 지금의 위기를 역사의 한 과정으로 인식할 수 있어야 합니다. 인류는 지금까지 무수히 많은 위기를 맞았고 또 이겨냈습니다. 저에게는 9·11테러도 지나간 역사의 위기처럼 곧 극복될 위기였습니다. 이러한 시각은 단순히 경제지식만으로는 생기지 않습니다.

많은 투자자들이 신문을 펼쳐볼 때 경제면만 열심히 봅니다. 하지만 그것은 절반의 공부입니다. 신문 전체를 펼쳐놓고 세상의 흐름을 읽어가야만 주식투자를 위한 넓은 시야가 완성될 수 있습니다. 그러면 긴 안목에서 현재의 상황을 볼 수 있는 것입니다.

자녀들에게도 마찬가지입니다. 경제를 잘 아는 아이보다는 세상을 잘 읽는 아이가 더 크게 성공하고 더 큰 부자가 될 수 있습니다. 그런 면에서 주식투자는 아이에게 세상을 읽는 동기를 부여하는 좋은 계기가 될 것입니다.

04

백 번의 생각보다
한 번의 실천이 중요하다

영화 「터미네이터」를 아십니까? 영화의 주인공이자 가장 멋진 근육을 가진 배우로 알려진 아놀드 슈워제네거는 유명 배우일 뿐만 아니라 한때 높은 지지도를 얻었던 정치인인 동시에 대표적인 자수성가형 부자입니다. 그는 '성공의 열쇠는 열심히 하는 것' 이라고 강조하곤 합니다. 너무 기본적인 것을 뭐하러 강조하나 하는 생각이 들수도 있습니다. 하지만 아는 것과 실천하는 것은 크게 다른 것입니다. 그와 평범한 사람의 차이는 이 말을 정말로 실천했는가, 알고만 있었는가 하는 것입니다.

아놀드 슈워제네거의 어린 시절을 들여다보면 그는 어릴 때부터 부모로부터 강도 높은 실천 훈련을 받았다는 것을 알게 됩니다. 그의 부모는 운동선수였던 아들에게 정확한 목표를 세우고 그것을 달성하기 위해 온힘을 다해 노력하는 습관을 기르도록 했습니다. 물론 책 읽기와 글쓰기의 중요성도 놓치지 않았습니다.

그렇게 10대가 되자 자신의 미래를 스스로 개척해나가야겠다는 결심을 세우고 자신만의 맹훈련을 시작했습니다. 누구보다도 열심히 움직이고 운동했으며, 눈에 보이는 목표를 만들고 끊임없이 경쟁상대와 자신을 비교해가며 동기를 부여했습니다. 또한 훈련 파트너를 만드는 방법도 스스로 고안해냈습니다. 이처럼 그가 세계적으로 유명한 보디빌더로서 명성을 쌓을 수 있었던 바탕에는 매일 매일 자신이 믿는 바를 몸소 실천했던 끈질김이 있었던 것입니다.

또 하나 아놀드 슈워제네거에게는 남다른 결단력이 있었습니다. 그는 보디빌더에서 영화배우로, 나중에는 정치인으로 자신의 모습을 꾸준히 변화시켜갔습니다.

보통 사람이 한 가지 삶만을 고집하며 사는 데 비해 그는 변화를 두려워하지 않았고 자신이 하겠다고 결심한 것에는 대범한 결단을 내림으로써 다양하고 풍부한 삶을 살 수 있었습니다. 경제 공부도 이와 비슷하다면 지나친 비약일까요?

진정한 경제공부는 실천에서 시작된다

저는 아무리 재능 있고 똑똑한 사람도 부지런하고 열심히 하는 사람을 못 따라간다고 믿는 사람 중에 하나입니다. 그도 그럴 것이 제가 지금 큰 재산을 가질 수 있었던 바탕에는 재능보다는 남다른 노력이 있었기 때문입니다. 혹자는 타고난 경제 감각이 성공적 주식투자 요건이라고 말하지만 저는 그렇게 돈 감각이 뛰어난 사람도, 수완이 좋은 사람도 아닙니다. 오히려 정석대로 묵묵히 제 길을 걸어온 우보에 가깝습니다.

제가 일반 투자자들과 다른 점이 있다면 성공적 투자와 자산 증식을 위해 철저하게 나름의 규칙을 몸으로 실천한 데에 있습니다. 첫째, 투기를 하지 않을 것. 둘째, 함부로 정보를 흘려 타인에게 피해를 입히지 않을 것. 셋째, 먼 곳을 내다볼 것 등 제게도 몇 가지 중요한 원칙들이 있습니다.

또한 저 외에도 많은 주식 부자들은 그렇게 원칙을 세우고 그것을 지켜온 사람들이었습니다. 그렇다면 우리 아이들은 어떻게 주식투자를 시작하는 것이 바람직하며 어떤 원칙들을 필요로 할까요? 주식투자라고 하면 무작정 많은 돈을 들고 시작하는 것이라고 생각하기 쉽지만 우리 아이들의 주식투자는 그럴 필요가 없습니다.

아이들이 주식투자로부터 무엇을 배울 수 있는지를 염두에 두고 쉽게 할 수 있는 일부터 실천해 나가는 것이 중요합니다. 아이들은 주식투자를 통해 단순한 경제 감각을 키우는 것 이상의 소중한 경험을 하게 될 것입니다.

제가 아는 한 중학생이 주식투자를 하고 싶다며 무엇을 공부하고 알아야 하냐고 물어온 적이 있을 때 저의 대답은 이것이었습니다.

"주식투자를 하려면 종자돈을 모을 수 있도록 용돈을 저축해보는 게 먼저일 것 같은데?"

즉 이는 머리로 주식에 대해 잘 아는 것보다 먼저 돈을 아끼는 절약의 실천이 중요하다는 의미입니다. 물론 자금 여유가 있다면 어느 정도 부모가 아이에게 어린이 펀드와 주식 지분을 선물할 수도 있겠지만, 가장 좋은 어린이 투자란 아이 스스로 종자돈을 마련하여 주식 한 주를 기쁘게 살 수 있는 과정에 있습니다. 만일 아이에게 더 큰 목표가 생긴다면, 아이도 자연스레 그 목표를 향해 스스로 실천하는 방법을 배워가게 될 것입니다.

종자돈은 10원에서 시작된다

한 가정에서 실제로 있었던 일입니다. 아이에게 500원을 주면서 과자를 사먹으라고 했습니다. 그러면서 절약을 가르쳐 줄 요량으로 다만 몇 십 원이라도 남겨서 돼지저금통에 넣으라고 말했습니다. 그런데 이 아이는 이미 먹고 싶은 것을 정했고 그 과자의 가격이 500원이었습니다. 아이는 엄마에게 뭐라고 말했을까요?

"그럼, 50원을 더 갖고 가서 남겨 오면 되지?"

아이를 키우면서 항상 느끼는 것이지만 아이들에게 무작정 "돈 좀 아껴 써라. 용돈을 저축해서 모아봐라."라고 말하는 것은 아무 소용이 없습니다. 오히려 아이들에게 잔소리처럼 여겨져 아이들의 귀를 막게 할 뿐입니다.

우리는 누구나 천리마를 타고 나아가고 싶어 합니다. 주식에 대해서도 마찬가지입니다. 하지만 그보다 먼저 기억해야 할 것은 '천리 길도 한 걸음부터' 라는 점입니다. 투자를 하려면 돈을 아껴서 종자돈을 만들어야 합니다. 그래도 어느 정도 눈에 띄는 성과를 내려면 일정한 액수가 되어야 하는데, 그 돈을 한 번에 모으기는 어렵습니다. '이렇게 적은 돈으로 언제 종자돈을 모을까' 라고 생각하면 영원히 투자자금을 모으지 못합니다.

먼저 부모가 작은 돈을 모으는 습관을 보여줄 필요가 있습니다. 뭔가 갖고 싶은 것이 있을 때(정이 없다면 교육을 위해 만들 수도 있습니다.) 저금통을 만든 다음 아이에게 이렇게 말하는 것입니다. "이 저금통에 돈이 다 차면 엄마(아빠)가 사고 싶은 옷을 살 거야."

그리고 매일 단돈 100원이라도 저금통에 넣는 모습을 아이에게 보여주십시오. 마침내 저금통이 가득 차서 '오랫동안 모은 돈으로 사고 싶은 옷을 샀다' 는 것을 아이에게 보여준다면 그것만큼 좋은 경제교육은 없을 것입니다. 아이에게 낭비를 자제하고 용돈을 아껴 투자하게 하는 습관을 길러준다면 분명 아이의 미래는 부자의 길에 서서 밝고 풍요로운 경제생활을 누릴 수 있게 될 것입니다.

명절날 친척들에게 받은 용돈 5만 원과 아이가 10원씩, 100원씩 모아서 만든 5만 원은 액수는 같지만 가치는 다릅니다. 지금 아이가 많은 돈을 모을 필요는 없습니다. 지금 아이에게 중요한 것은 많은 돈을 모으는 것이 아니라 경제관념을 키워주는 것이라는 점을 잊지 말아야 합니다.

어린 시절부터

경제교육을 받은 사람은

출발부터 다르다!

4장

주식 왕이 되려면
명탐정이 되어야 한다

01

주식시장의 종류를
알아야 한다

'친구 따라 강남 간다'는 말이 있습니다. 주식시장에서 우를 범하기 쉬운 것이 바로 이 부분입니다. 이는 주식에 대한 기본지식을 갖추기 전에 귀동냥으로 투자하는 것을 의미합니다.

주식에도 좋은 주식과 나쁜 주식이 있습니다. 투자자로서 좋은 주식을 찾아가는 과정은 재미도 있지만 많은 노력을 필요로 합니다. 주식투자의 성공은 연구와 노력의 결과이며 전체적인 부분부터 세밀한 부분까지 폭넓은 탐구력이 필수적 요소인 셈입니다.

이제 본격적인 주식 탐구를 위해 기본이 되는 국내 주식시장의 구분부터 알아보겠습니다. 주식시장은 크게 네 가지로 나뉩니다. 바로 유가증권시장, 코스닥시장, 프리보드(Free Board)시장과 장외시장입니다. 마구잡이로 모든 주식이 거래될 수 있도록 하는 것이 아니라 일정한 자격 조건을 두어 이 기준을 통과한 경우에만 시장에서 거래될 수 있도록 허용하고 있는데, 앞의 세 시장은 주식 중에 상장 또는 등록된 종목만 거래되는 곳인 반면, 장외시장은 아직 상장되지 않은 회사들의 주식이 거래되는 불특정 시장입니다.

즉 유가증권시장은 가장 까다로운 거래 조건을 가지고 있고, 그보다 덜 까다로운 곳이 코스닥시장이며, 프리보드는 가장 낮은 조건의 벤처기업 중심의 등록시장입니다. 이 세 시장에서 거래되지 않는 주식을 거래하는 시장이 장외시장입니다.

이 때문에 유가증권시장에는 우량한 기업들의 주식이 많이 등장하고, 코스닥시장과 프리보드엔 중소기업이나 벤처기업들이 많습니다. 장외시장엔 상장되지 않은 공기업과 대기업, 상장을 준비하고 있는 다양한 우량대기업과 중견, 중소기업과 벤처기업들이 혼재해 있다고 생각하시면 될 것입니다. 이들 중에서 어떤 곳에 투자하는가에 따라 수익률과 위험도가 크게 달라질 수 있습니다.

유가증권시장

유가증권시장이란 한국거래소에 상장된 기업의 거래 시장을 말하며, 증권거래소에 상장된 기업의 주가 변동을 기준시점과 비교시점으로 비교해 작성한 지표를 코스피지수라고 합니다. 이는 유가증권시장에 상장된 전 종목을 대상으로 산출됩니다. 코스피지수란 각 개별 주가에 상장주식수를 곱한 단순평균 시가총액식 주가지수입니다.

유가증권시장에서 거래되는 주식은 코스닥 시장과 프리보드, 장외시장보다 우량합니다. 여기에는 우리나라 대표적인 기업이라고 할 수 있는 기업들의 주식이 거래되며, 회사 규모도 큽니다. 따라서 가격은 비싸지만 안정적인 우량주들이 많은 만큼 장기 투자의 바탕이 되는 안정성을 획득할 수 있습니다.

코스닥시장

코스닥(KOSDAQ)은 미국의 벤처기업을 대상으로 한 주식시장인 나스닥(NASDAQ)에서 이름을 본떠 만든 것으로 유가증권시장과 마찬가지로 한국거래소에 상장된 시장입니다.

코스닥이 생겨난 것은 1996년으로 우리나라 중소기업의 직접금융 조달수단으로서 주식 거래를 활성화시키기 위해서였습니다. 기존 유가 증권시장의 까다로운 상장요건을 미처 충족하지 못한 중소기업에게 자금 조달 기회를 주기 위해서입니다. 유가증권시장에서 거래하기에는 비교적 규모가 작거나 기술벤처 기업들의 주식을 매매하는 만큼 유가증권시장보다는 기업의 역사나 재무상태 등 안전성이 다소 낮은 것이 특징입니다. 그러나 성장 가능성이 높은 만큼 기업의 성장률과 실적 증가 속도에 따라 투자수익율이 높을 가능성이 큽니다.

프리보드시장

프리보드시장(FreeBoard)은 2000년에 코스피시장이나 코스닥시장에 상장되지 않은 기업의 주권을 매매할 수 있도록 하기 위해 개설되었으며 홈트레이딩시스템으로도 거래가 가능합니다. 이 시장에는 위두 시장에 진입할 요건이 되지 않는 기업들이 등록되어 있습니다. 벤처기업들이 특정한 기술만 갖고 있어도 등록이 됩니다.

'벤처' 라는 말이 나타내주듯이, 안정성 측면에서는 많이 불안합니다. 자본금의 규모도 적고 재무상태도 좋지 않습니다. 이 시장은 벤처자금의 원활한 순환을 위해 개설되었지만 현재는 유통되는 주식의 수가 극히 적습니다.

코스닥시장에 등록된 기업보다 위험도가 더 높지만 기술이 시장에서 인정을 받으면 급속한 성장을 할 수도 있습니다.

장외시장

장외시장은 국내에서는 아직 법률적으로는 존재하지 않는 시장입니다. 미국에서는 over the counter market(OTC)이라는 제3시장(점두시장)이 존재합니다. 따라서 현재 우리가 흔히 장외시장이라고 하는데, 이는 불특정 개인들이 통일주권 등을 거래하고 있으며, 거래시에는 관할 세무서에 거래내역을 신고하여 세금을 내야 불법거래가 되지 않습니다. 검증되지 않은 매매가격(상대매매 가격)으로 인해 피해가 일어나는 사례가 종종 있습니다.

프리보드시장과 장외시장을 여기서 자세하게 소개하기는 어렵습니다. 역기능이 있는 반면 순기능도 분명히 존재합니다. 다만 주식초보자 혹은 우리 아이들에게 투자를 권유할 시장은 아니라고 생각합니다. 아직 시간이 많은 우리 아이들에게는 위험성이 높은 시장보다는 점진적으로 성장이 가능한 기업을 권하는 것이 훨씬 현명한 선택입니다.

상장과 상장 폐지

상장 : 회사의 주식이 거래소나 코스닥 시장에서 자유롭게 거래될 수 있도록 시스템에 올리는 것을 의미하는데, 상장을 위해서는 회사가 까다로운 자격조건에 대한 심사를 금감원으로부터 받아야합니다.

상장폐지 : 기업의 실적이 나빠져 심각한 재무위험이 발생하는 등의 원인으로 상장 조건을 충족하지 못하게 되어 증시에서 퇴출되는 것을 말하며, 대부분 상장폐지 기업들은 회생하기 어렵기에 파산하는 경우가 많습니다.

어떤 시장에서 고를 것인가?

주식을 매수할 때 고려해야 할 사항은 여러 가지가 있겠지만 가장 중요한 요소가 되는 두 가지가 있습니다. 언뜻 보면 서로 상반되는 것처럼 보이는 '고수익' 과 '안정성' 입니다.

많은 투자자들이 은행 예금이 아닌 주식을 택하는 이유는 높은 기대수익률 때문입니다. 비록 변동성이 크고 위험성은 있지만 물가상승률에 미치지 못하는 예금 이자보다 높은 수익을 얻을 수 있기 때문입니다. 그럼에도 주식투자에는 일정한 안정성이 반드시 담보되어야 합니다. 주식시장의 구분을 탐색하고 주식 자체의 가치를 탐색하는 것도 리스크 제거를 통해 주식의 안정성을 확보하기 위한 것이지요.

위의 네 가지 시장의 구분은 주식투자의 중요한 원칙 한 가지를 보여줍니다. '위험한 시장일수록 수익률은 높다. 안정성을 택하면 수익률은 낮지만 리스크를 줄일 수 있다' 는 것입니다. 네 가지 시장은 주식투자자들에게 안정성과 고수익을 적절하게 택할 수 있는 기본적인 환경을 제공합니다.

예를 들어 우량주의 장기투자를 통해 안정적인 수익률을 원한다면 유가증권시장을 택하는 편이 나을 것이며, 반대로 급성장하는 기업 주식을 통해 큰 수익률을 원한다면 다소 위험성이 높은 코스닥시장을 고를 수도 있고, 더욱 고수익 고위험을 추구하는 투자자라면 프리보드나 장외시장 등에 투자할 수도 있을 것입니다.

네 시장 중에서 저는 유가증권시장이나 코스닥시장을 권합니다. 프리보드, 장외시장에도 좋은 기업은 분명히 있습니다. 그러나 시작부터 위험성이 높은 주식을 고르는 것은 바람직하지 못합니다. 주식을 처음 시작하는 분들 중에서 고수익만 보고 위험성을 보지 못하는 경우가 많습니다. 이는 건전한 투자라고 보기 어렵습니다.

더구나 자녀를 위한 주식이니 만큼 많은 시간이 있다는 점을 염두에 두어야 합니다. 특히 유가증권시장에 있는 기업들은 어느 정도 성장을 했기 때문에 단기간에는 비약적인 성장을 기대하기 어렵습니다. 하지만 수십 년이라면 이야기가 달라집니다. 만약 자녀가 열 살이라면 환갑이 되기까지 50년의 시간이 남아 있는 셈입니다. 50년 동안 하나의 기업에 투자하기는 어렵겠지만 단기간에 승부를 볼 필요는 없다는 것입니다.

그리고 누누이 강조하듯이, 지금 자녀에게 중요한 것은 주식투자를 통해 돈을 버는 것이 아니라 경제관념, 경제 감각을 익히게 하기 위함이라는 것입니다.

02

좋은 주식과
나쁜 주식 구별하기

　사람마다 좋은 주식에 대한 정의는 각각 다릅니다. 어떤 사람은 위험성을 낮추고 꾸준히 수익률을 올릴 수 있는 '효자 주식'이 최고의 주식이라고 말합니다. 그런가 하면 어떤 사람은 단시간 내에 많은 수익을 올릴 수 있는 '급등주'야말로 좋은 주식이라고 답하기도 합니다.

　좋은 주식에 대한 정의를 한 마디로 내리기는 어려운 일입니다. 수익률이나 위험성, 안정성 외에도 고려해야 할 부분들이 반드시 존재하기 때문입니다. 여기서 저는 특별히 한 가지 부분을 강조하고 싶습니다. 좋은 주식은 결과적으로 기업의 가치와 직결된다는 점입니다. 좋은 주식이란 결국 좋은 기업가치에서 나오는 것이고 이 때문에 주식을 평가하는 가장 중요한 잣대 중에 하나가 바로 기업 자체에 대한 평가인 것입니다. 눈에 보이는 기대수익률, 투자지표를 넘어 기업이 놓인 환경과 경영자의 마인드, 연구개발 능력, 아이템과 시장의 지위, 현금 흐름, 나아가 전체적인 가치가 얼마나 되는지가 좋은 주식과 나쁜 주식을 가르는 중요한 기준이 된다는 뜻입니다.

좋은 주식은 좋은 기업에서 나온다

좋은 주식 찾기는 하늘에 별 따기라는 것이 일반적인 지론입니다. 그 만큼 복잡하고 치열한 경제환경 속에서 기업은 다양한 영향을 받기 때문에 어떤 주식이 확실히 좋다고 단언할 수가 없는 것이지요. 하지만 일반적으로 좋은 주식과 나쁜 주식을 구분해보자면, 주식 가격, 다시 말해 주가가 지속적으로 상승하는 주식을 좋은 주식이라고 할 수 있겠습니다. 주가가 지속적으로 상승하고 있다는 것은 그 회사의 가치가 그만큼 좋아지고 있다는 뜻이고, 많은 투자자들이 그 회사에서 희망을 보고 투자를 늘려가고 주식 가격도 자연스레 높아지게 되는 것입니다.

반대로 나쁜 주식이란 가격이 떨어지고 있는 주식이라고 할 수 있습니다. 이는 외부적 경제환경 요인도 있으나 같은 환경 하에서도 회계의 불투명성, 적자 경영, 공금 횡령, 경영권 불안정 등 회사에 좋지 않은 일들이 많아져 가치가 하락하면서 주주들이 너도나도 주식을 팔려고 내놓기 때문에 주가는 자연히 하락하게 되는 것입니다.

그러나 이는 일반론일 뿐 항상 그런 것은 아닙니다. 개구리가 뛰기 전에 몸을 움츠리는 것처럼 기업도 새로운 도약을 위한 준비, 즉 내부 투자 등을 할 때는 움츠려들게 마련입니다. 또 주식시장은 사람들의 심리가 반영되는 곳이기 때문에 오른다고 해서 항상 기업의 가치가 상승하고 있다고 보기는 어렵습니다. 결국 스스로 기업의 가치에 대한 판단을 내릴 수 있을 만큼 깊이 있는 통찰이 필요합니다.

주가의 과거는 미래를 보여준다

과거는 그 사람의 현재를 비추는 거울이라고 합니다. 과거에 성실했던 사람이 현재에도 성실할 가능성이 높다는 것입니다. 이 원칙은 주식을 고를 때도 고스란히 적용됩니다. 재무제표의 분석은 가장 철저하고 확실한 방법이기는 하지만 전체적인 시장을 읽거나 한 기업 주가를 먼 과거까지 분석하려면 지나친 공을 들여야 할 때가 있습니다.

만일 충분한 노력을 기울일 만큼 주목하는 회사라면 재무제표를 분석하는 것이 가장 좋겠지만, 그 외에 일정한 기간 동안 그 기업의 가치가 어떻게 변동했는가를 읽을 수 있는 보다 간단한 방법도 존재합니다. 바로 주가의 흐름입니다.

기본적으로 주식 가격은 끊임없이 변동합니다. 하나의 가격으로 계속 유지되지 않는다는 뜻입니다. 우리가 흔히 보는 코스피지수 또한 이것을 잘 보여줍니다. 증시 전체가 약세일 때는 하락 곡선이, 장세가 좋을 때는 상승하는 식으로 변동이 들쑥날쑥합니다. 이 코스피지수만 봐도 현재 주식시장이 위기상황인지 경기호전 국면인지 알 수 있는 것이지요.

이는 한 기업의 주가 흐름에도 해당됩니다. 모든 주식은 곡선 형태로 오르락내리락하는데 대부분 투자자들은 주식 가격이 하락하면 불안감부터 느낍니다. 하지만 불안감에 초조해 하는 대신 그 곡선이 어떤 움직임으로 흐르고 있는지를 자세히 살피는 일은 투자 수익을 내는데 매우 중요합니다.

무조건 오르는 주식이 좋은 주식일까?

흔히 주식 가격이 오른다면 그 주식은 많은 사람들의 관심 대상이 될 수밖에 없습니다. 거기에는 그럴 만한 이유가 있다고 생각이 들기 때문입니다. 제 경우도 제가 잘 아는 기업의 주가가 갑자기 오를 때면 주변 분들로부터 "대체 저 회사의 주가는 왜 갑자기 급등한 겁니까?"라는 질문을 받곤 합니다. 비슷한 동종업계 기업들의 주가와 비교할 때 갑자기 가격이 뛰니 무언가 대단한 일이 그 기업에서 벌어진 것 같은 느낌을 받는 것입니다.

이처럼 동종업계에서 유난히 상승세를 타고 있는 주식들은 대부분 인수합병이나 시설 확대, 수출 증대 등 다양한 좋은 소문들이 돌고 있는 덕입니다. 앞으로 그 기업의 성장세가 크게 확대될 것이라는 기대 심리가 확산되고 있기 때문입니다.

그럴 때 무조건 주식부터 사고 보는 경우가 있는데 이는 "급등하는 주식은 좋은 주식"이라는 편견이 자리 잡고 있기 때문입니다. 물론 이런 호재성 정보들이 모두 거짓인 것은 아니며 여기서 적절한 이득을 볼 수도 있습니다.

하지만 여기에는 위험이 도사리고 있습니다. 주식의 가격이 오른다는 것은 많은 사람들이 그 주식의 매매에 참여하고 있기 때문으로 이는 앞으로 그 주식 가격이 더 올라갈 것이라는 기대가 반영된 것입니다. 하지만 반대로 그 주식의 상당수를 보유한 대주주가 그 주식 가격이 충분히 많이 올랐다고 판단해 한꺼번에 팔아버릴 경우를 생각해 봅시다. 그 주식 가격은 대규모 물량 방출로 인해서 대폭락을 맞이하게 될 것입니다. 한꺼번에 썰물이 빠져나가는 것입니다. 이때 소문만 믿고 오를 대로 오른 주식을 뒤늦게 매수한 투자자들은 재빨리 그 주식을 팔지 못한다면 주가 폭락으로 당연히 큰 손해를 보게 됩니다.

한편 그 기업의 성장에 큰 영향을 미칠 것이라고 기대했던 소문들이 사실이 아닐 수도 있습니다. 귀동냥으로 얻어들은 인수합병 소식이 거짓일 수도 있고 대규모 수출을 약정했으나 사실상 그 기업이 그럴 만한 능력이 없는 기업으로 판명될 수도 있습니다. 다시 말해 단지 주가가 오르고 있다는 사실이나 기대감을 불러일으키는 소문만으로 크게 상승한 주식을 택하는 것은 올바른 투자 방법이 아니며 큰 손실로 이어질 수 있습니다.

현재 가격보다는 성장성에 주목하라

한때 A 연구소라는 곳이 상장했을 때 많은 이들이 높은 성장 기대감으로 이 주식을 샀습니다. 당연히 주가는 높이 치솟았습니다. 그때 많은 전문가들이 기업과 경영자는 좋으나 주가가 너무 많이 올라 투자자들이 손해를 볼 것이므로 이 주식은 '나쁜 주식'이라고 말했습니다. 이후 벤처 투자 열풍의 거품이 꺼지자 많은 투자자들이 발을 빼면서 그 기업의 주가는 크게 하락하고 말았습니다.

이처럼 증시라는 곳은 매우 미묘한 곳입니다. 대부분의 좋은 주식은 좋은 기업에서 나옵니다. 하지만 반드시 좋은 기업이 좋은 주식을 만들어내는 것은 아닙니다. 예를 들어 기대감이 지나쳐 이미 오를 대로 오른 주식들을 뒤늦게 비싼 값에 사들일 경우 하락시 큰 손해를 볼 수 있는 것입니다.

그런 의미에서 좋은 기업과 좋은 주식이 균형을 이루는 것은 '장기적인 성장성'이 밑받침되어야 합니다. 즉 어떤 기업이 단지 주가가 오름세에 있어서가 아니라 좋은 기업으로 변모하면서 장기 상승세에 진입한 경우 뒤늦게 매수한 투자자들에게까지 수익을 안겨줄 수도 있습니다. 기업의 과거와 현재, 미래 모두를 살피고 성장성이 있는 기업에 투자를 결정해야 하는 것은 이 때문입니다.

03

주식투자에도
수학이 필요하다

　수학 잘하는 사람이 반드시 주식투자를 잘하는 법은 아닙니다. 그
러나 수학적 계산 능력은 어른이나 아이나 투자를 결심했다면 반드
시 갖추어야할 중요한 성공투자의 요소입니다. 실제로 주식투자의
성공자인 제시 리버모어는 '수학적 계산과 감각'을 주식 투자 성공
능력의 하나로 꼽았습니다.

　앞서 우리는 좋은 주식과 나쁜 주식을 구별하는 몇 가지 방법을 배
웠습니다. 주식 가격의 많은 부분이 기업 가치와 직결되는데 특히 그

기업의 장기적 가치가 주가를 결정하는 결정적 요소가 됩니다. 그 회사는 무엇을 만드는 회사이며, 기술은 얼마나 경쟁력을 가지고 있으며 미래에 얼마만큼의 성장성이 기대되는지 조목조목 따져보는 것이 매우 중요합니다.

성장 가능성은 미래의 일인 만큼 좋은 주식에 대한 마지막 판단은 주관적이라고 할 수 있습니다. 그러나 그 전에 수학을 통한 주식가치의 계량적 분석이라는 객관적 데이터가 필요한 것입니다. 객관적인 데이터를 바탕으로 한 주관적 판단은 예측이지만 객관성이 결여된 주관적 판단은 예측이 아니라 운에 맡기는 행동일 뿐입니다.

그렇다면 계량적 관점에서 기업의 여러 측면을 살펴보려면 어떤 면에 관심을 가져야 할까요?

재무제표는 훌륭한 길잡이다

학교에서 시험을 보면 성적표가 나옵니다. 우리는 그 성적표를 토대로 무엇이 부족했고 무엇을 잘했는지 현재 실력은 어느 정도인지 앞으로 어느 정도까지 실력을 올려야 할지를 평가할 수 있습니다. 기업에게도 그런 성적표가 존재합니다. 바로 재무제표입니다. 주식을 살 때 재무제표까지 들여다보는 것을 귀찮다고 말하는 이들도 있지만 이는 이력서를 읽는 것과 같습니다. 신입사원을 받을 때 이력서가 없다면 우리는 그 사람을 제대로 평가할 수 없을 것입니다.

재무제표는 그 기업이 특정년도 말(期末)의 자산을 바탕으로 특정 회계기간 동안 얼마나 제품이나 서비스를 만들고 팔아 손익을 냈는지를 기록해서 주주들에게 공개하는 한 해의 성적표입니다. 즉, 재무제표로 그 기업의 과거 경영 상태를 한 눈에 파악할 수 있고 나아가 앞으로 어떻게 될 것 같다는 추정도 가능합니다. 그러므로 재무제표는 투자자에게 필수불가결한 투자판단의 데이터가 되는 것입니다. 재무제표는 크게 4가지로 분류하는데, 대차대조표(재무상태표)와 손익계산서, 이익잉여금 처분계산서, 현금흐름표가 그것입니다.

그리고 연결재무제표가 있는데, 이는 상호 독립적인 법인격을 갖고 있으나 경제적으로 종합적이고 유기적인 관계에 있을 때 이런 회사를 일괄해 하나의 기업으로 보고 작성한 재무제표로, 연결대차대조표와 연결손익계산서로 구성됩니다. 연결재무제표는 모회사와 자회사 간의 내부거래나 떠넘긴 부채, 손실 등이 그대로 드러나게 돼 단순 재무제표보다 그룹의 경영실적을 잘 반영합니다. 2011년부터 우리나라에서도 국제회계기준(IFRS)이 적용되는데, 그렇게 되면 연결재무제표가 주재무제표가 됩니다.

1) 대차대조표(재무상태표)

대차대조표(B/S: balance sheet)는 특정시점의 재정 상태를 알 수 있게 나타낸 재무제표입니다. 대차대조표에는 자산과 부채, 자본의 총계와 그 과목별 내역이 표시되어 있습니다. 대차대조표는 일반적으로 복식부기에 의해 작성된 회계정보를 통합하여 만들어지기 때문에 차변의 자산총액과 대변의 부채와 자본총액이 일치하게 됩니다. 이러한 원리를 대차 평균의 원리라고 합니다.

일반적으로 대차대조표에 표시되는 재무정보들의 기준일인 대차대조표일은 기업의 결산일이며, 분기, 반기, 연간으로 작성됩니다. 2011년부터 우리나라에서도 국제회계기준(IFRS)이 적용되는데, 여기에서는 대차대조표라는 명칭 대신 재무상태표(statement of financial position) 라는 명칭을 사용합니다.

자산

자산이라는 것은 기업이 현재 가지고 있는 모든 재산을 말합니다. 기업은 이런 가용자산(총자산)을 활용하여 생산, 투자, 영업활동을 하게 됩니다. 말하자면 자산은 기업활동의 토대가 되는 셈이죠.

자산은 크게 유동자산과 비유동자산으로 나뉘는데, 현금예금과 1년 이내에 유동화 할 수 있는 외상매출금이나 재고자산 등은 유동자산이라 하고 오랫동안 사용하기 위해 매입한 땅과 건물, 생산설비, 투자자산, 영업권, 개발비 등 현금화가 쉽지 않은 것들은 비유동자산에 해당됩니다.

부채 : 타인자본

기업이 빌린 돈을 의미합니다. 타인자본이라고도 하죠. 기업이 영업활동을 하기 위해서는 필요에 따라서 또는 불가피하게 외부에서 돈을 빌리게 됩니다. 왜냐하면 순수하게 자기 돈만으로 사업할 수는 없기 때문입니다. 기업의 활동이란 생산, 영업, 투자, 재무활동 등 크게 4가지로 분류할 수 있습니다. 여기에는 반드시 돈이 필요합니다.

기업규모가 작고 기반이 비교적 튼튼할 경우에는 외부의 차입 없이도 경영을 할 수가 있습니다. 그러나 기업 규모가 커지면 커질수록 더 많은 설비와 건물, 임금 등이 필요하므로 어느 정도 돈을 빌려서 운영할 수밖에 없습니다.

한 예로 설비 확대를 하면 큰돈을 벌 수 있는데 당장 설비 자금이 없을 때는 은행 등에서 자금을 빌려 일단 설비를 확충하고 여기서 생기는 이익으로 빚을 갚는 것을 볼 수 있습니다. 부채는 매입채무나 단기차입금 등 빠른 시일 내로 갚아야 하는 유동부채, 장기차입금 등 시간을 두고 갚아도 되는 비유동부채가 있습니다.

자본 : 자기자본

타인자본과 대립되는 개념입니다. 회사 설립 초기 출자한 자본금을 비롯하여 기업활동을 하면서 벌어들이거나 유상증자 등을 통해 외부에서 자본을 끌어들인 것을 통틀어서 자기자본이라고 하며, 이것은 많으면 많을수록 좋습니다.

재무변동표상 자기자본이 타인자본보다 많을수록 금융비용이 적게 들뿐만 아니라 외부의 충격으로부터도 안전하기 때문입니다. 자기자본은 상환의 의무나 기한 없이 기업이 오랫동안 계속적으로 사용할 수 있는 자본이므로 중요성을 아무리 강조해도 지나치지 않습니다. 지난 1997년 IMF 외환위기 때, 가장 심각한 타격을 받은 기업도 한보철강과 같은 부채비율이 높은 기업이었습니다.

기업은 기본적으로 돈을 많이 버는 것이 목적이지만 그렇다고 돈을 벌기 위해서 무리하게 설비나 부동산 등에 과잉투자를 하여 빚을 많이 지는 것을 경계해야 합니다. 되도록 자기 돈과 적당한 외부 차입으로 균형 있게 기업활동을 벌여나가는 것이 좋겠지요. 자기자본에는 소위 종자돈인 자본금이 있고 부가자본으로 주식발행초과금이나 재평가차익금인 자본잉여금 그리고 당기순이익을 적립해 놓은 이익잉여금 등이 있습니다.

2) 손익계산서

기업이 일정기간 내에 이룬 경영성과인 매출과 손익을 나타낸 현황표입니다. 기업은 인적, 물적 가용자산을 총동원하여 물건을 만들어 팝니다. 그 결과 매출이 발생하게 되며, 활동에 따른 제반 비용을 제하면 수익이 남게 됩니다.

즉, 손익계산서란 기업의 경영성과를 밝히기 위하여 일정기간 내에 발생한 모든 수익과 비용을 대비시켜 당해 기간의 순이익을 계산·확정하는 보고서를 말합니다.

기업의 첫째 목적은 이윤입니다. 그런데 이윤을 내기 위해서는 반드시 매출이 필요하므로 기업은 곧 매출이라 해도 과언이 아닙니다. 그만큼 매출이 중요합니다. 이것이 바로 성장을 의미하는 것이니까요. 기업은 성장을 하기 위해서 끊임없이 연구하고 제품을 개발하고 시장을 개척합니다.

이런 모든 기업활동에는 반드시 비용이 수반됩니다. 제품을 생산하게 되면 원재료와 인건비, 생산설비비 등 매출원가가 발생하게 되고 생산된 제품을 판매하기 위해서는 판매활동비 등 판매 및 일반관리비가 필요합니다.

기업활동을 하다보면 돈이 모자라 외부에서 차입하거나 수출 때문에 외환관련비용 등이 발생합니다. 반대로 유보된 자금에서 이자나 배당이 발생하기도 하고 외환관련수익이 나기도 합니다. 이렇게 기업경영에 부수적으로 나타나는 손익을 영업외수지라고 합니다. 여기서 나온 손익에 특별손익을 가감하여 법인세를 제하면 당기손익을 얻게 되는 것입니다.

이 흐름을 일목요연하게 나타내면 다음과 같습니다.

매출액 - 매출원가 - 매출총이익(손실) - 판매및일반관리비 - 영업이익(손실) - 영업외수익 - 영업외비용 - 법인세비용차감전순이익(손실) - 법인세비용 - 당기순이익(손실)

3) 이익잉여금처분계산서

전기 이월잉여금(또는 결손금처리서)과 당기에 발생한 이익(또는 손실)의 처분사항을 명확히 처분하기 위한 재무보고서로 대차대조표, 손익계산서, 현금흐름표와 함께 4대 재무제표라고 부르며, 주주총회의 승인을 거쳐 확정된 처분 방침에 따라 작성하는 것이 원칙입니다.

이익잉여금처분계산서는 이익잉여금 발생항목과 이익잉여금 처분항목으로 구분되어 있으며, 이익잉여금 발생항목으로는 미처분이익잉여금, 임의적립금 등의 이입액이 있고 처분항목으로는 이익잉여금처분액, 차기이월미처분이익잉여금이 있습니다.

4) 현금흐름표

현금흐름표는 일정기간 동안의 기업의 현금흐름을 나타내는 표입니다. 즉, 현금의 변동내용을 명확하게 보고하기 위하여 당해 회계기간에 속하는 현금의 유입과 유출내용을 적정하게 표시한 표입니다. 현금이 어떻게 창출되어 어디에 얼마만큼 쓰였는가를 보여주는 표라고 할 수 있죠. 현금흐름표는 영업활동으로 인한 현금흐름, 투자활동으로 인한 현금흐름, 재무활동으로 인한 현금흐름으로 구분하여 표시하고 이에 기초의 현금을 가산하여 기말의 현금을 산출하는 형식으로 표시합니다.

영업활동에 의한 현금유입은 매출, 이익, 예금이자, 배당수입 등이 있고 매입, 판공비지출, 대출이자 비용, 법인세 등으로 유출됩니다. 투자활동에 의한 현금유출은 유가증권과 토지 매입, 예금 등이 있고 유가증권과 토지 매각 등으로 인해 유입됩니다. 재무활동에 의한 현금유입은 단기차입금의 차입, 사채, 증자 등이며, 단기차입금과 사채의 상환 등으로 유출됩니다.

5) 연결대차대조표와 손익계산서

앞서 설명한 대로 연결재무제표(대차대조표와 손익계산서)는 모회사가 지배하는 자회사를 하나의 기업단위로 보고 재산과 손익현황을 종합한 것입니다. 내용은 단독 대차대조표나 손익계산서와 크게 다르지 않지만 연결대차대조표의 경우 자회사의 외부주주의 지분은 모회사의 자본과 구별하여 표시가 됩니다.

연결손익계산서에서는 지배, 종속관계에 있는 기업집단 내부의 거래에서 나타난 수익과 비용항목은 상계처리 원칙에 따라 제거되고 또 기업집단 내부에서 취득한 자산에 포함된 미실현손익도 전액 제거처리 합니다. 그렇게 해야 상호거래에서 흔히 나타나는 매출과 손익 '뻥튀기'를 막을 수 있기 때문입니다.

살아있는 재무제표로 만들려면

지금까지 재무제표란 무엇이고 구성하고 있는 항목과 내용을 간단하게 알아보았습니다만 이를 단지 평면적으로만 보면 그 의미를 이해하거나 해석하는데 어려움이 많습니다. 늘 그렇듯 숨겨진 이면의 의미를 잘 알아야 어떤 일이든 잘 대처할 수 있을 테니까요. 이를 잘 알려면 분석을 해봐야 하는데 이 방법으로 재무분석이라는 도구가 있습니다. 재무제표에 표시돼 있는 각종 항목과 숫자를 여러 측면에서 더하고 빼고 곱하고 나누어서 기업의 경영상태를 분석·파악하고 이를 토대로 해법과 전략을 짜기 위함입니다. 분석방법에는 수익성, 안정성, 유동성, 활동성 등 크게 4가지가 있습니다.

1) 수익성 : 이 회사는 현재 돈을 얼마나 잘 벌고 있을까?

수익성이라 함은 총수익에서 총비용을 빼고 남은 돈이 얼마냐를 따지는 개념입니다. 수익성이 좋다는 것은 동종 업체들보다 수익을 많이 남긴다는 뜻이 되고 그렇게 되면 주주들에게도 더 많은 혜택이 돌아가겠지요. 기업이 내는 이익 중에서는 영업이익이 가장 중요합니다. 왜냐하면 기업의 중추활동이 생산과 영업활동인데, 이 결과로 얻어지는 이익이기 때문입니다.

수익성이 좋다 나쁘다의 기준이 영업이익이기 때문에 많은 기업들이 영업이익을 더 많이 내기 위해서 노력하고 있으며, 투자자들은 이 이익의 증감을 눈여겨봐야 합니다. 이를 간단하게 알아보려면 영업이익률(매출액 대비 영업이익의 비율)을 구해 보면 되고 아울러 최종 이익인 당기순이익율도 알아보면 좋겠지요.

특히 당기순이익은 기업의 가치평가의 기준이 되는 주당이익을 구하는 중심이 되기 때문에 매우 중요합니다. 대차대조표상 주주들의 자산은 자기자본입니다. 이중에서도 주주들이 직접 출자한 자본금이 가장 중요하며, 다음이 자기자본의 효율성이 되겠지요. 투자자들이 가장 많이 쓰는 투자지표가 바로 당기순이익을 주식수로 나눈 주당순이익(EPS)입니다. 1주당 얼마나 이익을 냈는지를 계산하는 것으로 높을수록 좋습니다. 이를 활용한 것이 주가수익비율(PER)인데, 이는 주가가 주당순이익의 몇 배인지를 보여주는 것입니다.

주당순이익은 일정한데 주가가 지나치게 높다면 그 기업의 주식이 비싸다는 뜻인 만큼 다른 경쟁기업들의 주가수익비율을 계산해서 낮은 쪽을 택하는 것이 중요합니다. 그리고 순이익을 자기자본으로 나눈 것이 자기자본이익률(ROE)인데, 이는 자기자본으로 얼마를 벌었는지를 나타내는 지표로 주당순이익 다음으로 중요한 수익성 지표입니다.

2) 안정성 : 혹시 빚 때문에 무너지거나 경영이 불안하지는 않는가?

앞서 기업들이 규모를 늘릴 때 일정한 부채를 떠안을 수 있다는 점을 말씀드렸습니다. IMF 외환위기 때 많은 기업들이 부채를 갚지 못해서 파산을 했던 것을 기억하실 것입니다.

이처럼 지나친 부채는 때로 기업을 무너뜨리는 무서운 복병이 될 수 있습니다. 한 예로 한 해에 버는 돈은 1,000만 원인데 이자만 1,000

만 원이 나간다면 그 기업은 더 이상 운영이 불가능해질 수밖에 없습니다. 따라서 그 기업의 수익성을 확인했다면 이번에는 그 기업이 얼마의 돈을 빌렸고 그 돈의 이자와 원금을 얼마나 성실하게 갚아가고 있는지도 확인해봐야 합니다.

부채비율은 그 중에서도 대표적인 안정성 지표입니다. 부채비율은 부채총계를 자본총계로 나눈 것으로 이상적인 비율을 100% 정도로 잡고 있으나 업종에 따라 약간씩 다를 수 있습니다. IMF 이전에는 우리나라 대기업들의 부채비율이 평균적으로 300%가 넘었으나 이후 기업들이 지속적으로 빚을 줄인 결과 요즘에는 100%가 안 되는 대기업들도 부지기수일 만큼 사정이 나아졌습니다. 그러다보니 기업 내에 현금이나 자산이 많이 쌓이게 되었는데, 이를 내부유보라고 합니다. 내부유보란 자기자본 중 이익잉여금과 자본잉여금의 합이 자본금에 비해서 얼마나 되는가를 나타내는 것으로 이것이 많을수록 주주에게 돌아가는 몫도 많아지겠죠.

안정성 중 빼놓을 수 없는 것이 이자보상배율입니다. 이는 기업의 채무상환능력을 나타내는 지표로, 기업이 영업이익으로 금융비용(이자비용)을 얼마나 감당할 수 있는지를 보여주는 지표입니다. 즉 과연 이 회사가 영업이익으로 이자를 감당할 수 있는가, 감당한 후 얼마나 여유가 있는가를 알아보는 지표로서 이자보상배율이 1보다 높으면 이자를 감당하고도 영업이익을 내는 것이고 이하면 이자에 허덕이는 기업이라고 판단하면 되겠죠.

3) 유동성 : 급할 때 대처할 만한 충분한 유동자산이 있는가?

우리도 일상생활을 하다보면 예기치 못한 돈이 필요할 때가 있습니다. 이때 비상금고나 통장에 저축해둔 돈이 없다면 난감해질 수밖에 없습니다. 기업들도 마찬가지로 때로 갑작스러운 위험에 처하거나 급한 돈이 필요할 때가 생기게 마련입니다. 이럴 때 현금이나 빨리 처분이 가능한 자산이 얼마나 있는지가 생존의 열쇠가 될 수도 있습니다. 즉, 유동성비율은 기업이 단기에 상환해야 하는 부채에 대한 변제능력을 평가하는 재무비율을 의미합니다.

유동성비율의 지표로는 유동비율과 당좌비율이 있는데, 유동비율은 유동부채에 대해서 유동자산이 차지하는 비율을 나타내며, 유동자산을 유동부채로 나누어 계산합니다. 유동부채가 유동자산보다 많다면 그 기업의 안정성은 하락하는 것이고, 반대로 유동자산이 유동부채보다 많다면 안정성은 높아질 것입니다.

당좌비율은 유동자산에서 재고자산을 차감한 후에 그 값을 유동부채로 나누어 계산하는데, 유동비율보다 기업의 단기채무지급능력을 더욱 엄격하게 평가하기 때문에 당좌비율을 산성시험비율(acid test ratio)이라고도 합니다.

4) 활동성 : 자산이라는 연료를 잘 사용하고 있는가?

몸이 건강해지려면 몸을 움직이는 운동을 많이 해야 합니다. 또한 바쁘게 사는 사람은 더 많은 돈을 벌고 성공할 가능성이 높아집니다.

마찬가지로 기업도 활동적으로 열심히 움직일수록 더 크게 성장할 가능성이 높습니다. 이를 측정하는 지표가 바로 활동성 지표라는 것입니다.

이를 다르게 표현하면 가용자산을 얼만큼 효율적으로 활용하여 매출과 수익을 올리는가를 파악하는 지표라고도 할 수 있습니다. 대표적인 활동성 지표로 총자산회전율을 들 수 있습니다. 이는 매출액을 만들어내는데 회사의 자산이 얼마나 잘 활용되었는지를 측정하는 것입니다.

한 예로 A회사는 매출이 5억, 자산이 1억인 반면, B회사는 자산은 A사와 같은데 매출이 3억이라면 B회사보다 A회사의 총자산회전율이 66.7%가 더 높다는 것을 의미하므로 A사의 활동성 지표가 더 높고 보다 효율적으로 자산을 활용하고 있는 회사라고 할 수 있습니다.

결과적으로 A회사는 앞으로 성장할 가능성이 더 높고, 이는 주가의 상승과도 연관성이 큽니다. 이 밖에도 중요한 지표로 매출채권회전율, 재고자산회전율, 고정자산회전율 등이 있습니다.

5장

아빠와 함께 하는
실전 농심투자

01

농부의 마음으로
투자 한다

아직도 우리나라 사람들은 주식투자를 투기와 비슷한 것으로 여기는 경우가 많습니다. 그래서 누군가 주식을 시작한다고 하면 "저 사람 얼마 안 가 깡통 차겠군" 속으로 생각한다고 합니다.

저 역시 증권사에서 근무했을 때 투기꾼처럼 주식을 사고판 경험이 있습니다. 그러다가 IMF 때 호된 대가를 치렀습니다. 과도한 레버리지를 이용한 단기매매에 주력하다가 나를 믿고 투자한 고객들과 지인들의 재산에 큰 손해를 입히게 되었습니다. 눈앞이 캄캄해지면서 나를 믿고 돈을 맡긴 고객들에게 무슨 말을 해야 할지 벙어리가 되고 말았습니다. 법적인 책임은 없지만 도덕적인 책임감 때문에 제가 사드렸던 어머니 집까지 팔아 손실을 보전해주었습니다.

다시는 하기 싫은 끔찍한 경험이지만 거기서 소중한 교훈을 얻게 되었습니다. 주식투자는 사냥하듯이 하는 게 아니라 농사를 짓듯이 해야 한다는 것이었습니다. 주식투자는 결코 투기가 아니라는 것을 깊이 깨닫게 되었고 개인 투자자로 전향한 뒤에도 그때의 급박했던 상황을 종종 떠올리면서 욕심을 절제하곤 합니다.

세간에서는 성공한 개인 투자자를 '슈퍼개미'라고 부르기도 합니다. 그러나 이 단어는 왠지 '투기적 거래자'라는 의미 같아 그다지 탐탁지 않습니다. 오히려 저는 저 자신을 '주식 농부'나 '주식 농사꾼'이라고 불러주는 것이 더 좋습니다.

제게 주식은 농부의 심정으로 투자해야 하는 대상입니다. 농부란 좋은 씨앗을 골라 정성을 다해 가꾸고 열매를 수확하기까지 끊임없는 관심과 애정을 쏟는 사람입니다. 또한 농사가 인고의 시간을 보내지 않으면 제대로 된 결실을 수확할 수 없듯이 기업(주식)에 대한 투자도 마찬가지입니다.

때때로 저를 지나치게 정도(正道)를 걷는 보수적인 투자가라고 말하는 분들도 계시는데, 저는 재치 있다거나 성공 제조기 투자자라는 말을 듣는 것보다 이쪽이 훨씬 마음에 와 닿습니다.

농심투자는 상식의 게임이다

투자설명회를 나갈 때마다 제가 가장 많이 듣는 질문 중에 하나는 "어떻게 하면 투자 고수가 될 수 있는가? 성공하는 투자 방법이란 무엇인가?"라는 질문입니다. 이 질문에 대한 저의 대답은 소박합니다. '농부처럼 투자하라'는 것이 그 대답입니다.

이런 말을 들으면 놀라는 분도 많지만 저는 주식투자를 단순히 유가증권을 사고팔아 차익을 남기는 일이라고 생각지 않습니다. 제게 있어 주식투자는 직접 회사를 경영한다는 마음으로 참가하는 하나의 대리경영이자 농사를 짓는 일과 같기 때문입니다.

투자환경은 나날이 변합니다. 전문가들도 잘 모르는 다양한 투자상품들이 쏟아져 나오는가 하면 전 세계 증권시장이 실타래처럼 얽혀 움직입니다. 또한 다양한 이해관계자와 언론매체들로부터 흘러나오는 정보의 홍수 속에서 투자자들은 혼란에 빠지게 되고 이런 점들이 주식투자를 더욱 어렵다고 느끼게 합니다.

하지만 원칙과 정도는 분명 하나입니다. 내가 사업한다는 마음으로 주식을 사고 주주로서 대리경영을 통해 그 사업을 운영한다는 마음 자세만 있다면 어떤 외부적 변화와 충격에도 크게 흔들리지 않습니다. 저는 이것을 '농심(農心)투자'라고 부릅니다.

근면, 성실, 정성, 감사

농부에게는 네 가지 미덕이 있습니다. 바로 근면과 성실과 정성과 감사입니다. 계절에 따라 밭을 갈고 적절한 시기에 씨를 뿌리는 근면과 성실, 농작물이 자라는 과정 동안에 지극히 돌보는 정성, 그리고 그 해의 수확물에 감사하는 마음이 없다면 농사는 견디기 어렵고 고통스러운 작업이 될 수밖에 없습니다.

주식투자도 마찬가지입니다. 투자할 기업을 정성을 다해 고르고 성실한 마음으로 살펴보고 분석해야 합니다. 또한 기업과 늘 소통하고 충분한 시간을 가지고 지켜보면서 사업이나 경영에 도움이 되는 좋은 아이디어가 있으면 알려주면서 동행하고, 때가 되면 갈무리하는 일이 필요합니다. 이것이 바로 농심 투자의 핵심이자 제가 주식농부로 성공할 수 있었던 투자 방법입니다.

저는 기본적으로 주식투자를 가치 분석을 통한 장기투자라고 믿습니다. 또한 세상의 모든 일이 상식의 원리 안에서 움직이는 것처럼 주식투자도 '상식의 투자'가 되어야 한다고 믿습니다. 농사를 지을 때 하루아침에 모에서 쌀이 나오기를 기대하는 사람은 없습니다. 마찬가지로 주식에서도 어떤 종목이 하루아침에 대박을 안겨주지는 않습니다. 간혹 사냥하듯 주식투자를 해서 대박을 맞는 경우가 없지는 않습니다. 그러나 이는 상식적인 것이 아니라 비상식적인, 다시 말해 웬만해서는 일어나지 않는 일입니다. 여기에 맛을 들인 사람들은 계속 사냥하듯이 투자를 하다가 낭패를 보게 됩니다.

좋은 볍씨를 골라 정성을 다해 키우고 수확한 결실에 감사하는 농부처럼 주식투자도 농부의 마음과 자세로 하는 것이 과연 불가능할까요?

그래서 생각해낸 것이 바로 농심 투자법입니다. 저는 지금껏 많은 경험을 통해 농심투자법이라는 투자사계법을 고수하고 지켜왔습니다. 이는 하나의 주식을 선택해 그것으로 수익을 얻는 과정을 사계의 흐름으로 보고 각 봄과 여름, 가을과 겨울 등의 시기별 전략에 따라 그에 필요한 전략을 짜고 행하는 것을 의미합니다. 이는 우리 아이들에게 주식을 가르칠 때도 마찬가지입니다. 농부가 씨를 뿌리고 작물을 가꿔 가을에 수확하듯이 주식에도 이 같은 전략과 노력이 필요하다는 것을 가르치는 것이 바로 어린이 주식투자의 요점인 셈입니다.

분산투자가 정답은 아니다

많은 전문 투자자들이 강조하는 것 중에 하나가 바로 분산투자입니다. 계란을 한 바구니에 담지 말라는 증권가 속담과도 맞닿는 부분입니다. 그러면 분산투자는 항상 정답일까요? 저는 지금 약 20여개 기업에 투자를 하고 있습니다. 그런데도 하루가 어떻게 가는지 모를 정도로 바쁩니다. 전업투자자인 제가 그렇습니다. 하루에 6시간을 잔다고 가정하면 18시간이 남습니다. 그 중 밥을 먹고 씻고 이동하는 시간을 빼면 많아봐야 13시간이 남습니다. 저는 이 시간을 고스란히 주식투자와 관련된 일에 투입합니다. 전업투자자가 아닌 분들은 이 중에서 회사에서 보내는 시간을 빼야 합니다. 하루 3시간 정도가 남습니다. 이 시간 동안에 많은 기업들에 대해 다 알아볼 수 있을까요? 저는 불가능하다고 생각합니다.

제가 생각하는 주식투자의 가장 중요한 포인트는 시간에 대한 투자입니다. 주식투자는 한두 달의 싸움이 아닙니다. 짧으면 3,4년, 길게는 10년 이상을 내다봐야 합니다. 이렇게 긴 시간에 투자한 것이 오늘날 제 성공의 비결입니다.

일단은 기다려야 한다는 것입니다. 어떻게 하면 기다릴 수 있을까요? 그 기업에 대해 잘 알아야 합니다. 그래야 확신이 생기고 확신이 생겨야 기다릴 수 있습니다. 제가 기업을 방문하고 수시로 전화를 하고 생산 현장에도 가보는 이유가 바로 이것입니다.

안정성이라는 이유로 분산투자만 해놓고 기업 알기를 게을리 하면 해당 기업의 미래에 대해 자신이 없기 때문에 뇌동매매를 하기 십상입니다. 조금만 바람이 불어도 마음이 흔들립니다. 마음이 불안해서 도저히 기다릴 수가 없습니다. 농부가 여기저기에 다양한 작물을 심어놓으면 바쁘기만 할 뿐 제대로 키우는 작물은 하나도 없는 것과 같은 이치입니다.

저는 '계란은 확실한 바구니에 담아야 한다'고 생각합니다. 내가 잘 아는 바구니라면 안심할 수 있습니다. 물론 자산의 규모가 늘어나

면 포트폴리오를 늘려야하겠지만 지금은 아닙니다. 처음 시작할 때
는 한두 개의 기업에 투자하고 깊이 아는 것이 중요합니다.

02

주식 농한기 :
차분하게 재보고 철저하게
분석하기

농부들은 농한기가 되면 추수를 끝낸 밭을 놀리고 자신들도 크게 일을 하지 않습니다. 언뜻 보기에는 노는 것처럼 보이게 마련입니다. 하지만 과연 이들이 그냥 놀기만 하는 것일까요? 결코 그렇지 않습니다. 가만히 그들의 일상을 들여다보면 다음해 곧 다가올 봄을 준비합니다. 좋은 종자를 골라서 잘 말려 내년 봄에 심을 준비를 하고 가을걷이가 끝난 논을 잠시 묵혀 좋은 토양을 준비하고 퇴비를 만들어 둡니다.

즉 농한기에는 겉으로 보기에는 이렇다 할 활동이 없음에도, 사실은 이 농한기를 어떻게 보내느냐에 따라 씨를 뿌리는 봄이 확연히 달라질 수 있는 것입니다. 그렇다면 주식투자의 농한기는 무엇이며, 이 시기에는 어떤 준비를 시작해야 할까요?

1단계 : 주식투자의 개념과 목적을 정리하기

"오늘부터 나는 주식투자를 해야겠어"라고 결심했다고 곧바로 훌륭한 투자자로 변신할 수 있는 것은 아닙니다. 성공적 투자를 위해서는 투자란 무엇이고 내가 왜 투자를 시작하는지 그 개념과 목적이 분명해야 합니다. 예를 들어 우리 아이들은 장난감이나 게임기를 좋아합니다. 하지만 게임기나 장난감을 사는 것을 투자라고 하지는 않습니다.

게임기나 장난감은 하나의 소비재입니다. 쓰다 보면 낡고 유행이 지나서 언젠가는 버려야 할 날이 오게 됩니다. 또한 고를 때도 유행이나 가격 정도만 따지면 얼마든지 괜찮은 제품을 구할 수 있습니다.

하지만 투자는 다른 개념입니다. 투자는 우리가 먹는 식료품이나 가전제품 등 소비재를 구입하는 것과는 달리 좀 더 오래 묵히고 참으면서 미래를 보고 돈을 묻어두는 일입니다.

어린 시절부터 아이들에게 투자의 개념을 명확히 적립할 수 있도록 도와야 합니다. 즉 아이로 하여금 투자란 지금이 아닌 미래를 위해 준비하는 일이라는 것을 분명히 이해시키고 나아가 해당 투자를 통해 어느 정도로 돈을 불리고 그것을 통해 무엇을 할 것인지 그 목적을 분명히 해둘 필요가 있습니다.

주식을 사는 이유는 다양합니다. 어떤 친구는 "주식의 흐름과 경제에 대해 공부하기 위해서", 또 어떤 친구는 "나중에 배당금으로 더 좋은 게임기를 사기 위해서", "그저 재미가 있을 것 같아서" 등등의 목적이 있을 수 있습니다.

이때 중요한 점은 어떤 목적으로 주식을 사는지를 아이 스스로 알아서 결정하는 것입니다. 한 예로 지금 당장 게임기를 사면 그 돈은 사라지지만 배당금을 불리는 투자를 통해 미래 부가가치를 얻게 되면 그것으로 게임기보다 좋은 것을 구입할 자금이 생기게 된다는 점을 알게 하는 것입니다.

한편 또 한 가지 중요한 것이 있습니다. 주식투자는 이익을 볼 때가 있는 만큼 손해를 볼 때도 있다는 점을 반드시 인지시켜야 합니다. 이런 경고는 아이 스스로 신중하게 자신의 현실을 돌아보고 최대한 많은 준비를 거쳐 실전 주식투자를 실행한다는 원칙을 깨우쳐줍니다.

이처럼 투자의 개념과 목적이 분명하면 여러모로 큰 도움이 됩니다. 우선 주식투자의 이유가 명확하면 주변 사람들의 말에 흔들리거나 당장의 욕심 때문에 주식을 매매하는 일이 없어집니다. 다시 말해 증시 추이를 신중히 지켜보면서 적절한 매매 시기를 저울질하게 되니 그 만큼 실수할 위험도 줄어드는 것입니다.

이 단계에서 아이가 묻고 답해야 할 몇 가지 질문들은 다음과 같습니다.

① 개념 정리 : 주식이란 무엇이고, 투자란 무엇인가?
② 목적 정리 : 나는 왜 주식투자를 하려고 하는가?

2단계 : 관심 분야를 찾아나가기

누군가 저에게 "당신의 첫 번째 투자 원칙은 무엇입니까?"라고 묻는다면 곧바로 "잘 아는 분야에만 투자하는 것"이라고 답할 것입니다. 이는 지금까지의 경험을 토대로 주식투자와 관련된 우리 마음의 상태를 깊이 들여다보면서 얻어진 원칙입니다.

주식투자를 준비하면서 투자의 개념과 목적을 확실히 정했다 해도 막상 실전 투자에 들어가면 우리 마음은 쉽게 불안해지며 요동하게 됩니다. 주변을 둘러보면 많은 직장인들이 주식투자를 해놓고 회사에서 주가를 들여다보느라 직무조차 소홀히 하는 것을 보게 됩니다. 이는 그 자신이 투자한 기업과 분야에 대한 큰 그림을 미리 그리지 못했기에 확신이 없어 당장의 주가변동에 연연하기 때문입니다.

이처럼 우리는 자신이 투자한 기업에 대해서 제대로 깊이 알지 못할 경우 불안해질 수밖에 없습니다. 그러다 보면 계속해서 안절부절 주식 시세만 확인하다가 일상생활을 영위하기 힘들어질뿐더러 적절한 매수와 매도시기를 이성적으로 판단할 수 없게 됩니다.

따라서 아이가 주식을 사려 할 때 애초부터 꼼꼼하게 준비해야 할 점들을 부모가 먼저 찾아주어야 합니다. 아이가 어떤 분야, 어떤 기업에 관심이 있고 좋아하는지를 스스로 알게 하는 것입니다. 예를 들어 아이들의 경우 자신이 좋아하는 게임이나 장난감, 핸드폰 등에 집착하는 경향이 강합니다. 아이들이 이런 기업에 투자할 경우 그 회사의 일원이 되었다는 소속감을 더 강하게 가지게 됩니다. 반대로 아이들에게 흥미가 없는 기업은 아무리 시장가치가 있다 하더라도 아이들이 끝까지 애정을 가지고 그 기업을 살피고 함께 하지 못할 것입니다.

또 아이가 관심을 갖는 분야도 좋습니다. 만일 과학에 관심이 많은 아이라면 테크놀로지 기업 등에 투자할 수도 있고, 광고에 관심이 많다면 광고 관련 회사도 좋습니다.

이처럼 관심 있는 기업에 투자하는 일은 아이들의 주식투자에 대한 인내심과 관심도를 높이는 가장 중요한 요소가 됩니다. 이 시기에는 다음의 질문들을 묻고 답해야 합니다.

① 관심 분야 정리 : 나는 어떤 분야에 관심이 많고 흥미를 느끼는가?
② 관심 기업 정리 : 비슷한 분야의 기업들 중에 어느 기업이 좋은가?

3단계 : 저울대에 놓고 달아보기

세상에 기회는 무수히 많지만 우리 몸은 하나입니다. 넓디넓은 주식시장을 바라보고 관심사 모두를 나열하다 보면 그야말로 엄청난 기회와 가능성이 있다는 생각이 들 것입니다.

하지만 중요한 것은 모든 기회를 다 잡으려 하지 말고 자신의 판단으로 확실히 잡을 수 있는 기회를 포착해야 한다는 점입니다. 단순한 호감만으로, 또는 누군가의 조언이나 사소한 정보로 인한 뇌동매매는 철저한 준비가 중요한 농한기에 쉽게 저지를 수 있는 가장 흔한 실수입니다. 이 시기에는 자신의 투자 성향을 결정하고 그에 대한 구체적인 밑그림을 그려가야 할 때입니다.

이 부분에서 묻고 답할 질문들은 다음과 같습니다.

① 선정 기준 정리 : 지금까지 선택한 기업들을 어떤 도구로 평가할 것인가?
② 평가 기준 정리 : 주가가 높은 기업과 낮은 기업의 차이는 어디서 이루어지는가?
③ 선택 기업 정리 : 가장 발전 가능성이 있고 투자 이익을 얻을 수 있는 기업은 어디인가?

4단계 : 큰 그림을 그려보기

기업은 생명체와 유사합니다. 사람도 컨디션이 좋을 때가 있고 나쁠 때가 있듯이 기업도 환경에 따라 좋아지기도 하고 나빠지기도 합니다. 그런데 좋아지는 순간, 나빠지는 순간에만 집착하면 큰 그림을 놓치게 됩니다. 그렇게 되면 조바심이 나기 쉽고 결국 뇌동매매의 늪에 빠지게 됩니다.

제가 농심과 고려개발, 보령제약, KCC건설 등 10여 개에 투자해 2~3배의 수익을 올릴 수 있었던 것은 큰 그림을 보았기 때문입니다. 지금은 정체되어 있거나 침체기에 있는 것처럼 보이지만 얼마든지 성장할 수 있는 내부적인 역량이 있었습니다. 그런 기업은 시간이 지나면 그 가치가 상승하게 됩니다. 큰 그림을 볼 수 있어야 시간에 투자하는 장기투자가 가능합니다.

여기서 던져야 할 질문은 다음과 같습니다.

① 가치 정리 : 나는 어떤 모습의 투자자가 되고 싶은가?

② 원칙 정리 : 주식투자 시 반드시 지켜야 할 원칙과 절대 하지 말아야 할 것은 무엇인가?

03

주식 농번기 :
꼼꼼하게 확인하고 과감하게
투자하기

농한기가 지나면 많은 농부들이 씨를 뿌리기 시작합니다. 미리 길러놓은 모판을 적절한 시기에 논에다 심기도 합니다. 지난 농한기를 제대로 보낸 농부는 손 놓고 있던 농부보다 한 해 농사의 성공률이 높아질 수밖에 없습니다. 정성을 들인 씨앗은 대충 뿌린 씨앗보다 반드시 많은 수확을 낼 수밖에 없기 때문입니다.

주식에서도 이것은 예외가 아닙니다. 지난 주식 농한기 동안 우리는 좋은 씨앗을 고르고 좋은 땅을 고르는 데 시간을 들여왔습니다.

이제는 이 준비된 것들로 본격적인 농사가 시작되는 주식의 농번기를 맞이해야 할 때입니다. 그렇다면 주식의 씨 뿌리기는 어떤 단계로 이루어질까요?

1단계 : 올바른 정보 모으기

우리가 살고 있는 세상은 온갖 정보들로 넘쳐납니다. 아침에 눈을 떠서 잠드는 순간까지 다양한 정보들을 의식 중에든 무의식중에든 받아들이게 됩니다. 또한 마음만 먹는다면 양질의 정보들을 얼마든지 충분히 수집할 수 있는 반면 이해관계나 다양한 이유들로 인한 뜬구름 같은 루머들을 접하기도 합니다.

바로 이런 점들 때문에 많은 미래 전문가들은 21세기 지식정보사회에서는 올바른 정보를 얼마나 잘 선별해서 흡수하는가에 따라 생존하는 힘도 달라진다고 말했을지 모릅니다.

주식투자에서 가장 조심해야 할 것이 올바른 정보를 선별해서 받아들이는 것입니다. 증시는 결코 수학적 계산처럼 명쾌한 해답을 얻을 수 있는 곳이 아닙니다.

그곳은 사람들의 욕심과 욕망을 부추기는 이해관계들이 개입되어 있을 수 있고 부적절한 루머를 만들어내기도 합니다. "저 기업 주식을 사면 몇 달 내로 두 배 뛴다.", "저 회사는 망하고 있으니 지금 발을 빼라" 등등의 정보들이 그것입니다. 하지만 이런 소문들이나 주변 사람들의 말만 믿다가는 뇌동매매로 인해 큰 피해를 볼 수 있습니다.

이런 위험성을 예방할 수 있는 방법은 직접 정보를 살피고 확인하는 것뿐입니다. 또한 이런 습관은 어릴 때부터 길러야 성급한 투자로 인한 손실을 방지할 수 있습니다. 농한기 동안 아이는 자기가 관심을 보이는 기업들을 선별했을 것입니다. 그렇다면 지금부터는 좀 더 확실한 정보를 수집하고 선별하는 작업이 필요합니다.

주식 관련 정보를 가장 신속하고 풍부하게 얻을 수 있는 곳으로 인터넷상의 증권회사 홈페이지가 있습니다. 각 증권사들의 홈페이지에는 회사에서 운영하는 리서치센터라는 곳이 있는데 여기에는 부문별로 잘 정리해둔 많은 정보들이 있습니다. 또한 이 센터는 단순한 정보뿐만 아니라 상세한 개별 기업 정보도 함께 제공하며 물가와 환율, 금리 등 주요 경제변수의 움직임도 여기서 확인할 수 있습니다.

나아가 인터넷 뉴스 제공 사이트도 훌륭한 정보원입니다. 예로부터 진짜 부자들은 경제신문을 꼼꼼히 살펴본다고 했습니다. 이점은 시대가 흐른 지금도 다르지 않습니다.

우리가 보는 TV 뉴스는 물론 인터넷으로 〈매일경제〉〈한국경제〉 같은 다양한 경제신문을 만나볼 수 있습니다. 또한 이 외에도 수많은 투자 관련 사이트들이 존재합니다. 오히려 정보의 홍수 속에서 과연 어디에 가면 꼭 필요한 핵심 정보를 얻을 수 있을 것인가 하는 Know-Where시대임을 감안할 때 수준 높은 정보 제공 싸이트를 몇 개 알아두는 것도 효율적인 정보수집 방법입니다.

이 단계에서는 아이들이 이런 사이트나 정보통에 익숙해질 수 있도록 매일 일정한 시간을 함께 리서치하는 시간을 가져볼 필요가 있습니다. 이 무렵 아이들은 다음의 질문을 묻고 답해야 합니다.

① 기업 선정 이유 : 나는 왜 이 기업들에 투자를 결심했는가?
② 정보 수집 정리 : 어떻게 이 회사들에 대한 보다 많은 정보를 수집할
　　　　　　　 것인가?
③ 사실 확인 정리 : 과연 이 정보들은 믿을 만한 것들인가? 어떻게 그것을
　　　　　　　 판단할 것인가?

2단계 : 발전 가능성 가늠하기

주식의 가치는 과연 무엇으로 판단할 수 있을까요? 첫째로는 재무제표 등의 수치적 정보들이 있을 것입니다. 둘째, 그 기업의 과거 주가 그래프, 즉 오르고 내림을 살펴보는 것만으로도 어느 정도 도움이 될 것입니다.

하지만 저는 주식의 가치평가는 다분히 주관적인 것이라고 생각하는 쪽입니다. 사실적 정보를 토대로 하되, 그 기업이 처한 시장상황과 그 기업이 지나온 전반적인 역사나 전통 등도 얼마든지 중요한 가치 가늠 자료가 될 수 있는 것입니다.

사실 좋은 주식이라는 것은 결국 좋은 기업에서 나옵니다.

따라서 기업들에 대한 사실적 정보 외에도 살펴봐야하는 것들은 얼마든지 있습니다. 현재의 시장 상황에서 그 기업이 가진 위치와 영향력, 급변하는 경제환경에서 해당 기업이 어떤 경쟁력을 갖추었는가, 미래의 시대 흐름에 얼마나 부응할 수 있을까, 기업 CEO의 신념은 얼마나 굳건한가, 그 기업만의 특별한 가치는 무엇인가 등등 질문해볼 요소들이 상당히 많습니다.

제가 장기투자를 중시하는 것은 주식투자란 결국 미래와의 싸움이기 때문입니다. 현재 아무리 승승장구하는 기업이라고 해서 앞으로도 계속 승리하리라는 보장은 없습니다. 반대로 지금은 저평가되고 큰 주목을 받지 못해도 앞으로 성장할 가능성이 크다면 그 기업의 주식은 가치가 큰 주식입니다. 따라서 이 시기에는 아이에게 좀 더 폭넓은 리서치, 즉 해당 분야의 전체적인 시장 흐름과 미래를 살펴보고 그것을 기준 삼아 유망 기업을 선택할 수 있는 또 하나의 눈을 길러주어야 합니다. 이때 묻고 답할 수 있는 질문은 다음과 같습니다.

① 시장성 정의 : 현재 이 기업의 주식 가치는 어느 정도인가?

② 평가 기준 정의 : 어떤 기준으로 이 기업의 미래 가치를 평가할 수 있을까?

③ 가능성 정의 : 과연 이 기업은 앞으로 더 성장할까? 아니면 추락할까?

3단계 : 투자 실시하기

투자할 기업을 고르고 그 가치를 평가하는 모든 행동은 결국 투자를 실행하기 위한 것입니다. 따라서 농한기와 농번기의 대미의 장식은 결국 투자를 실행하는 행위가 이루어져야만 완성될 수 있는 것입니다.

지금까지의 시기를 충실히 해왔다면 투자를 실행하는 것은 그다지 어렵지 않습니다. 부모의 도움을 받아 한국거래소 시스템을 통해 직접 주식을 살 수도 있으며, 만일 그럴만한 준비가 덜 되어 있다면 펀드 등 간접투자를 활용해보는 것도 좋습니다.

앞서 우리가 진행해온 과정들이 사실상 직접투자를 위한 과정이기는 하나 간접투자 역시 충분히 좋은 경험일 뿐 아니라 아이에게 따로 주식 교육을 시키기 어려운 여건이라면 어린이 펀드나 일반 펀드에 가입하는 것도 좋은 방법이 될 수 있습니다.

① 투자 형태 정의 : 직접투자와 간접투자는 어떻게 다른가?
② 투자 기간 결정 : 어느 정도의 기간으로 투자할 것인가?
③ 투자 금액 결정 : 투자 금액은 어느 정도로 할 것인가?

04

주식 관리기 :
민감하게 감지하고 적절하게
대응하기

많은 이들이 일단 투자하고 나면 말 그대로 손을 놓아버립니다. 그 다음은 '운명'에 맡기는 것이 전부라고 생각하는 것입니다. 이런 미 신에 지배당하면 그 투자는 결코 성공하기 어렵고 행여 성공한다고 해도 일시적인 것으로 그치기 쉽습니다.

농심투자법이라는 틀에서 바라볼 때 이것은 씨만 뿌려놓고 아무것 도 돌보지 않는 것과 같습니다. 농부가 가장 바빠지는 때는 오히려 씨를 뿌린 다음입니다. 싹이 제때 나는지 확인하고 물을 적절히 주어야 하며 행여 불순한 날씨 피해는 보지 않을지 가슴도 졸여야 하며 때가 되면 비료도 주어야 합니다. 끊임없이 올라오는 잡초를 뽑느라 온 하루가 다 가기도 합니다.

주식 관리기에도 비슷한 일과들이 남아 있습니다. 앞서도 말씀드렸지만 주식투자는 일종의 대리경영이자 기업 지분의 참여입니다. 내 자산의 일부가 주식이라는 형태로 해당 기업의 자본금을 이루고 있는 셈입니다.

1단계 : 기업과 소통하며 관리, 관찰하기

저는 제가 특별한 재주가 있어서 주식투자를 하고 있다고 생각하지 않습니다. 다만 제가 가진 능력이 있다면 좀 더 잘하기 위해 더 많은 노력을 할 뿐입니다.

이 때문에 저는 제가 투자한 기업에 남들보다 많은 애정을 가지고 주주로서 역할을 다하기 위해 노력하는 편입니다.

그런데 안타까운 점 하나는 많은 이들이 주주로서 제 역할을 다한다는 것이 무엇인지에 대해 깊이 생각해보지 않는다는 것입니다. 간혹 생각은 동의해도 그것을 실천하는 것을 굉장히 어려워합니다.

저는 주주로서의 책무를 다하고 기업과 주주가 동시에 성장할 수 있는 가장 중요한 밑바탕을 '소통'에서 찾습니다. 우리는 투자를 해놓고도 그 기업이 어떤 식으로 운영되고 있는지 매출은 어떤지, 앞으로 어떤 부문에서 성장 비전을 가질 수 있는지에 대해서는 깜깜 무소식인 경우가 많습니다. 하지만 주식투자를 투기가 아닌 대리경영이라는 형태로 이끌어가기 위해서는 반드시 투자한 회사와 지속적인 소통을 해야만 합니다. 그래야만 회사 성장의 추이를 알 수 있고 주가 흐름도 나름대로 가늠해 볼 수 있게 됩니다.

훌륭한 농부는 날씨 탓만 하지 않습니다. 피해갈 수 없는 천재지변 앞에서도 피해를 최소화하고 좋은 결실을 내기 위해 노력합니다. 저 또한 경기의 좋고 나쁨에 크게 신경 쓰지 않습니다. 비가 오면 삽을 들고 수로라도 파야 하는 사람이 농부이듯이 주식투자를 직업으로 삼고 있는 만큼 저로서는 외부의 환경보다는 저 자신의 주도적 대처를 중요시 여깁니다.

우리 아이들을 좋은 투자자로 성장시키는 원동력도 마찬가지입니다. 손 놓고 강 건너 불구경하지 않고 아이 스스로 투자 기업에 깊은 관심과 애정을 가지고 미래를 조망할 수 있도록 부모가 함께 노력할 때 아이는 진정 현명한 투자가로서 성장할 첫 계단을 놓을 수 있을 것입니다.

아이와 함께 투자한 기업을 방문하는 것도 좋은 방법입니다. 저는 투자를 하기 전에 반드시 기업을 방문합니다. 어떤 회사이건 현장은 회사의 심장이고 현장을 보면 그 회사의 미래가 보이기 때문입니다. 꾸준히 기업을 방문하여 가능하면 회사 관계자들과 격의 없는 대화를 나누고 경쟁업체 의견까지 청취하다 보면 회사의 미래를 어느 정도 파악할 수 있기 때문입니다. 의외로 중요한 정보사항이 말단 직원들과 경쟁업체에서 나오는 경우도 적지 않습니다.

또한 이런 현장 확인 과정에서 중요한 의사결정을 내릴 때도 있습니다. 미래가 보이지 않는 회사, 아니다 싶은 기업이 있으면 손실이 나더라도 팔고 나오고 그 반대로 생각보다 성장 가능성이 높으면 투자 비중을 높이기도 하는 것입니다.

① 소통 방식 : 기업과 소통하려면 어떤 통로를 이용하면 좋을까?
② 관심 부문 : 과연 어떤 부분을 주의해서 살펴볼 것인가?

2단계 : 집중적으로, 그리고 장기적으로 바라보라

대규모 투자자들의 경우 우리가 상상할 수 없을 정도의 많은 투자 종목을 운영하기도 하지만 저의 경우는 결코 투자 종목 수를 20개 이상으로 늘리지 않는 것을 원칙으로 하고 있습니다. 다루고 있는 종목이 너무 많다 보면 관심과 열정도 분산될 수밖에 없기 때문입니다.

따라서 저는 관심 가는 기업을 발견하면 초기에 일정 부분 주식을 사두고 앞서처럼 그 회사를 면밀히 관찰한 뒤 투자를 더 할지 말아야 할지를 결정합니다. 여기서 중요한 것은 그 기간을 결코 짧게 잡지 않는다는 점입니다.

저는 한 기업에 투자를 결심했을 때 최소 투자 기간을 3~4년 정도로 잡습니다. 요즘과 같은 상황에서 장기 투자에 대해 의문점을 제기하는 사람이 많지만, 분명한 것은 좋은 기업, 경쟁력 있는 기업에 장기 투자해야만 승산이 있다는 사실이 속속 증명되고 있습니다.

그 정도 시간은 지나야 그 회사 임직원들과 동화되고 회사도 주주를 동반자로 여기게 됩니다. 이처럼 투자한 기업과 꾸준히 소통할 때 위험은 줄고 성공 가능성은 그만큼 커지는 것입니다. 즉 주식 농사꾼으로서 투자를 한다고 치면 투자의 사계절을 1년이 아닌 사실상 몇 년으로 잡을 줄 알아야 한다는 의미입니다.

우리 아이들은 이제 막 자라나는 시기입니다. 앞으로 부모 세대보다 더 많은 시간들을 살아가야 하기에 아이들에게 주식과 함께 커가는 3-4년은 결코 긴 시간이 아닙니다. 아이들은 자신들의 성장과 함께 주식투자의 싹이 자라나서 좋은 결실을 맺는 것을 지켜볼 수 있으니 더없이 좋은 선물이 될 것입니다.

다만 이런 목적을 가지고 구매하는 주식인 만큼 안전성이 담보된 우량기업이어야 함은 당연할 것입니다. 여기서 우리 아이들이 묻고 답해야 할 질문들은 다음과 같습니다.

① 결과 점검 : 지금껏 살펴본 결과 내가 투자한 기업에는 성장성이 있는가?

② 미래 지향 : 이를 토대로 얼마나 더 주식을 보유하고 유지할 것인가?

3단계 : 위험에 굴복하지 않기

사람이 하는 일은 결코 완벽할 수 없습니다. 험한 파도가 요동치는 게 다반사인 증시에서는 더더욱 그럴 것입니다. 저 역시 크고 작은 실패들을 수없이 경험했고 그를 통해 반성과 재기의 기회를 잡곤 했지만 실상 투자 위험이 다가올 때 의연하기란 결코 쉽지 않습니다.

수많은 투자자들이 중간에 투자를 포기하거나 실패하는 지점이 바로 이 무렵입니다. 주가 변동은 다종다양한 변수가 만들어내는 결과인 만큼 예기치 못한 실책도 있을 수 있습니다.

한 예로 저는 대동공업에 투자를 했습니다. 이 기업의 경우 저평가된 종목에다 농업용 기계제조 분야 1등 기업으로써 미래의 식량자급율 충족을 위해 성장 가능성이 큰 종목이라고 판단했기 때문입니다. 그리고 최근 본격적인 성장기 진입 시점이 도래할 것이라고 예상했으나 뜻하지 않은 사태가 일어났습니다.

환율 불안정으로 이 기업이 시설투자를 하기 위하여 엔화를 빌릴 당시 850원이었던 엔화 환율이 1,500원에 육박한 것입니다. 그 결과 엔화에 대한 원화환산 부채규모가 큰 폭으로 증가, 환차손만 무려 180억 원에 달하게 되면서 적자가 발생한 것입니다.

사실 이런 부분은 투자자로서는 어떻게 할 수 없는 부분입니다. 다만 두 가지 방향에서 선택할 수 있을 뿐입니다. 더 손해 보지 않고 지금 발을 뺄 것인가, 아니면 기업이 적절한 회복기에 들어설 때까지 보유 기간을 늘릴 것인가. 저는 대동공업의 미래에 대해 확신을 가지고 있었기에 지분을 계속해서 보유키로 결정하였습니다.

주변에선 세계 경기가 이렇게 침체되어 있는데 장기투자로 돈을 묵히는 일이 되지 않을까 하는 우려의 시선도 있습니다. 하지만 반대로 지금이 좋은 기업을 싸게 살 수 있는 절호의 기회일 수도 있습니다. 한때 제가 전업 투자가로 전환할 수 있었던 계기도 바로 이런 위험 시기의 확신과 행운 때문이었습니다. 2001년 9·11테러 당시 헐값에 좋은 기업을 싸게 사서 오래 보유했는데 이것이 좋은 결과를 냈기 때문입니다.

그 후 근 10년간 투자를 진행해오면서 저는 어려운 시기일수록 경쟁력 있는 기업에 투자할 때 더 큰 부를 안겨준다는 확신을 가지게 되었습니다.

어려운 시기는 시간이 지나면 빠르게 회복되기에 준비된 기업에게 절호의 기회였던 것입니다. 여기서 우리 아이들이 던져볼 질문은 이것입니다.

① 위험 분석 : 이 위험이 정말로 장기적으로 지속될 것인가?

② 손실 분석 : 이 위험이 내게는 어느 정도의 손실을 가져올까?

② 사례 분석 : 다른 투자자들은 이 위기를 어떻게 이겨냈을까?

05

주식 추수기 :
정확하게 목표 세우고 날카롭게
기회 잡기

주식투자라는 것은 주식을 사는 행동에서부터 시작합니다. 그렇다면 투자의 이익은 어디에서 비롯되는 것일까요? 사들인 주식을 파는 행위에서 나옵니다. 다시 말해 한번 사들인 주식은 반드시 팔아야만 하는 원칙이 적용되는 것입니다. 농부로 치면 이 단계는 지금껏 노력한 만큼 수확을 거두어들이는 것과 같습니다.

농부들은 땀과 정성으로 오랜 과정을 거쳐 농사를 짓습니다. 그리고 지난해 겨울, 봄과 여름을 지나고 가을이 되면 인고의 열매를 맺습니다. 농사는 이 가을걷이, 즉 수확을 얼마나 적절한 시기에 적절한 방법으로 하느냐가 가장 중요합니다. 과수원의 나뭇가지마다 과일들이 주렁주렁 열렸는데 제때 맞춰 따지 못하면 과일은 너무 익어서 떨어져 버립니다. 오랫동안의 노력이 헛수고로 돌아가는 것입니다.

그렇다면 주식시장의 열매는 언제, 어떻게 수확하는 것일까요? 사들인 주식을 적절하게 보유한 뒤 최고의 수익을 낼 수 있을 때 다시 되파는 것입니다. 그러기 위해서는 몇 가지 원칙을 세워둘 필요가 있습니다.

1단계 : 적절한 매도 시기 가늠하기

사실 '적절한 매도 시기'라는 것은 존재하지 않을 수 있습니다. 이 정도면 최고점을 찍었겠지 생각하지만 더 오를 수도 있는 것이 주식이기 때문입니다. 하지만 앞서 우리가 여러 단계를 거쳐 축적한 경험이 적절한 매도시기에 대해 많은 유용한 정보를 제공해줍니다.

장기투자는 단기투자에 비해 매도시기를 가늠하는 것이 보다 용이할 수밖에 없습니다. 생판 모르는 기업에 단기투자로 치고 빠지는 것은 어디까지나 그 확률 대부분을 운에 의지할 수밖에 없습니다. 하지만 장기투자의 경우 투자자 스스로 기업의 경영과 매출에 대한 많은 정보를 가지고 있는 만큼 주의 깊게 살펴보면 투자 기업의 성장 고점이 어느 때인지 알기가 비교적 쉽습니다.

한 예로 장기투자를 결심했는데 그 기업의 실적이 2~3년이 지나도록 큰 변화가 없다는 생각이 들 수 있습니다. 하지만 애초부터 저평가 되고 아직 올라가야 할 고지가 높은 기업을 선택했다면 이들의 본격 성장기 진입이 2~3년 내에는 어려울 수도 있다는 것을 인정해야합니다. 따라서 행여 작은 이익을 내서 주가가 반등하더라도 그 기간 내에는 단기 반등에 그치게 됩니다. 말 그대로 아직 때가 무르익지 않은 것입니다. 주가가 계속 오르려면 매출과 이익이 충분히 늘어나야 하는데 여기에는 시간이 필요한 것입니다.

따라서 업황이 활황기에 접어들어 투자한 회사의 성장세가 충분히 최고점에 이르고 중장기적 이익을 최대로 올릴 때 매도하는 것이 가장 적합하며, 행여 잠시 손해를 보더라도 그 회사의 미래 가능성을 신뢰하고 있다면 최적의 시점이 도래할 때까지 인내하며 기다리는 것이 중요합니다. 이런 면에서 장기투자는 소처럼 묵묵히 앞을 향해 걸어가는 투자라고 할 수 있습니다.

이 시기에 아이들에게는 반드시 다음의 질문을 묻고 답하도록 해야 합니다.

① 성장 수준 감별 : 현재 투자한 기업이 적절한 중장기적 이익을 내면서 발전하고 있는가?

② 평가 근거 제시 : 만일 그렇다면 어떤 이유에서 그렇게 생각하는가?

③ 반등과 하락 가능성 감별 : 더 오르거나 폭락할 위험은 없는가?

2단계 : 적절한 매도 선을 정하라

아무리 투자한 기업을 잘 알고 고급 정보를 많이 알고 있다 하더라도 매도에는 반드시 원칙이 필요합니다. 이른바 손절매라는 것이 있습니다.

이것은 주식투자에서 가장 중요한 원칙으로 통용되는 기준으로써 주식 가격이 일정 수준 이상으로 하락하면 무조건 파는 것을 의미합니다. 이 손절매 기준은 일반적으로 매수 가격의 몇 퍼센트 이상으로 하락하면 판다는 식으로 스스로 정해놓는 마지노선인 것입니다.

물론 기업 신뢰도가 높고 자금에 여유가 있는 상황이라면 다시 한 번 반등이나 상승을 노려볼 수도 있지만 때로는 이런 직감이 틀릴 때도 있는 것입니다. 그래서 주식시장에서는 '나는 새도 떨어뜨리는 사람'이 없는 곳입니다. 시장이라는 곳은 한 사람의 직관과 이성만으로는 온전히 파악되기 어려운 곳이기 때문에 장기투자를 한다고 해도 만일을 대비하려면 어느 정도 이상으로 지나치게 주식 가격이 떨어지면 무조건 매도한다는 원칙을 미리 세워두어야 합니다.

이 단계에서 아이들은 다음과 같은 질문을 던지고 답해봐야 합니다.

① 가격 변화 감지 : 현재 주식이 계속 오르고 있는가? 아니면 떨어지고 있는가?

② 이익률(손해율) 계산 : 현재라면 어느 정도의 이익(손해)을 보았는가?

③ 손절매 기준 : 어느 선까지 내리면 팔 것인가?

3단계 : 마무리하는 순간 미래를 준비하라

주식투자는 한 번에 모든 것을 얻을 수 있는 '대박'과는 거리가 멉니다. 많은 전문 투자가들이 그랬듯이 저 역시 20대부터 몸소 쌓아온 경험들이 지금의 성공에 지대한 영향을 미쳤습니다. 수많은 투자를 결정해 왔고 앞으로도 숱한 투자의 기회를 엿보며 광활한 투자 세계를 항해하게 될 것이므로 한 번의 성공이나 한 번의 손해는 사실상 그리 중요한 것이 아니며 일희일비할 일도 아닙니다.

사계 투자법의 기본은 농사와 마찬가지로 '순환'입니다. 가을걷이가 순조로웠건 힘겨웠건 다음 계절은 다시 돌아오게 마련입니다. 또다시 농한기를 지나 농번기, 관리기, 추수기를 거쳐야 하는 것입니다. 그리고 보면 사계투자는 우리의 인생과도 닮아 있다고 할 것입니다.

저에게는 투자에 임할 때마다 되새겨보는 투자 원칙이자 기준이 되는 몇 가지 신념이 있습니다. 바로 근면과 성실, 그리고 감사입니다. 기업에 올바른 투자를 한다는 것은 단순히 한 개인의 이익 추구를 넘어 우리나라 시장경제에 활력을 불어넣는 가치 있는 일입니다.

경영자들은 회사의 어려움과 위험을 모두 짊어지고 나가야 하지만 투자자는 그렇지 않습니다. 자신의 판단 하에 수익을 얻을 수 있는 기업만 찾아서 투자하면 되니 훨씬 부담이 적습니다. 이것이 제가 주식투자에 감사하는 첫 번째 이유입니다.

사람들은 주식투자로 돈을 쉽게 벌 수 있다고 생각합니다. 하지만 주식투자는 자산증식 수단 그 이상의 의미가 있습니다. 저는 한 나라의 시장경제가 발전하여 국민에게 이득이 되려면 자본주의 시장체제, 그중에서도 핵심인 주식시장이 아름답게 꽃피워야 한다고 생각합니다. 그래야만 양질의 자금이 기업으로 흐르고 기업은 그 자금을 성장의 밑거름으로 잘 활용하여 경영성과를 내고 그 결실을 종업원과 투자자, 국가가 골고루 나눠 가질 수 있기 때문입니다. 그러므로 투자자에게는 나름의 사명감과 근면함, 그리고 성실함이 필요한 것입니다.

아이들이 주식투자를 처음 시작할 때부터 분명히 배워야할 것은 수익을 냈을 때의 즐거움과 흥분에 앞서 바로 이점입니다. 아이들이 주식을 통해 새로운 투자 세계로 첫걸음을 내딛었다면 이제는 더 큰 그림을 그릴 수 있도록 도와야 합니다. 주식투자를 통해 얻은 수익을 앞으로 어디에 재투자할 것인지, 나아가 세상에 어떤 도움이 될 수 있을지를 함께 고민해야 합니다. 단언하건대 선의의 좋은 투자자에게는 더 많은 기회가 찾아오게 마련이기 때문입니다.

훌륭한 투자자는 시장경제의 도움과 자신의 정성과 노력으로 벌어들인 돈을 함부로 사용하지 않습니다. 이 시기에 아이들은 다음과 같은 질문과 답을 던져봐야 할 것입니다.

① 경험 정리 : 직접 경험한 전후로 주식투자에 대한 생각이 어떻게

바뀌었는가?

② 미래 비전 : 나는 주식투자를 통해 어떤 사람이 되고자 하는가?

③ 계획 정리 : 다음 번 투자에서는 어떤 점을 반성하고 보완할 것인가?

걱정만 하지 말고 행동에 옮겨라

언어에 기막힌 재능이 있어서 영어뿐 아니라 일본어, 중국어까지 마스터한 아이가 있습니다. 기계만 보면 그 작동원리를 귀신같이 알아내는 아이가 있습니다. 전문가들도 만들지 못하는 컴퓨터 프로그램을 만들어 내는 아이가 있습니다.

이 아이들이 어른이 되어서 부자가 된다고 장담할 수 있을까요? 좋은 직장을 가질 수는 있겠지만 부자가 된다고 확신하지는 못합니다. 이 아이들이 부자가 되려면 경제 감각이라는 중심이 있어야 합니다. 부자가 되려면 기본적으로 경제 감각이 있어야 합니다. 나머지는 플러스 알파입니다. 탁월한 경제 감각만 있어도 부자가 될 수 있지만, 이것이 없으면 제 아무리 뛰어난 사람이라도 부자가 될 수 없습니다.

지금 부모님들의 머릿속에는 '나도 잘 모르는 주식투자로 어떻게 경제 교육을 시키겠어?' 라는 말이 떠오를 것입니다. 맞습니다.

이 한 권의 책을 읽고 주식투자를 성공적으로 할 수 있다면 그것이 오히려 이상한 일입니다. 어디서 어떻게 시작해야할지도 모르겠고, 원금 손실에 대한 두려움도 여전할 것입니다. 100% 안전한 인생이 없듯이 100% 안전한 투자는 없습니다. 지금 당장 주식투자를 시작한다면 잃을 확률이 더 높습니다. 공부를 하자니 시간도 없고 힘들고 귀찮기도 할 것입니다. 다 맞는 말입니다.

그렇다면 이 모든 두려움과 힘들고 귀찮음에다 100을 곱해보십시오. 그렇게 해서 나온 값과 내 아이가 행복한 부자로 살기를 바라는 마음 중 어느 것이 큰지 비교해 보십시오.

신중함은 미덕입니다. 그러나 지나친 신중함은 어떤 행동도 하지 못하게 만듭니다. 마음이 행동을 만들기도 하지만 행동이 마음을 만들기도 합니다. 깡통계좌가 될 각오로 우선 100만원이라도 주식투자를 하십시오. 대부분 중학교 때쯤에 그만둬 버리는 피아노 교습소에 들어가는 돈도 100만 원은 넘습니다.(한 가지 용기를 드리자면 이 책에 나와 있는 대로만 해도 깡통계좌가 되는 일은 없다는 것입니다.)

일단 투자를 하고 나면 경제공부를 하게 되고 그러다보면 경제 감각이 키워집니다. 모든 자녀교육의 시작과 끝은 부모입니다. 부모님이 아이와 함께 주식투자를 하고 경제 공부를 하면 아이의 경제 감각은 자연스레 길러집니다. 또한 경제 공부를 하다보면 그것이 계기가 되어 다양한 기회를 볼 수 있는 눈이 생깁니다.

'내 아이는 나처럼 고생하지 않고 부자로 살 수 있을까?' 이렇게 걱정만 하다가는 정말 걱정하는 일이 생길 수 있습니다. 이제 걱정은 그만두고 행동으로 옮길 때입니다. 주식투자를 통해 경제 감각을 키우고 농부처럼 투자하면 여러분도 부자가 될 수 있습니다. 그런 부모님 밑에서 자란 아이들은 그 부모보다 더 큰 부자가 될 수 있습니다. 중요한 것은 지금 실천하는 것입니다. 우리 아이들의 경제 감각은, 나아가 우리 아이들의 미래는 걱정이 아니라 부모님이 행동하는 것에 따라 달라집니다.

자녀들을 기업의 주인으로 만들어주십시오. 그리고 세상의 주인으로 만들어주십시오. 쉽지 않은 일이고 시간이 걸리는 일입니다. 그러나 가장 위대한 일도 가장 작은 행동에서 출발했다는 사실을 잊지 마십시오. 여러분의 자녀가 세상의 주인이 되기 위해 첫 번째 발걸음을 내딛는 날이 바로 오늘입니다.

애야, 너는 기업의 주인이다

1판 2쇄 발행 | 2011년 01월 25일

지은이 | 박영옥
발행인 | 이용길
발행처 | 모아북스 MOABOOKS

기획 | 정윤상
관리 | 정윤
디자인 | 이룸

출판등록번호 | 제 10-1857호
등록일자 | 1999. 11. 15
등록된 곳 | 경기도 고양시 일산구 백석동 1332-1 레이크하임 404호
대표 전화 | 0505-627-9784
팩스 | 031-902-5236
홈페이지 | http://www.moabooks.com
이메일 | moabooks@hanmail.net
ISBN | 978-89-90539-89-2   03320

모아북스 MOABOOKS 는 독자 여러분의 다양한 원고를 기다리고 있습니다.
(보내실 곳 : moabooks@hanmail.net)